上海地情普及系列丛书

保釐云间

上海历史上的神祇、信仰与空间

上海通志馆 编

王启元 石梦洁 著

上海古籍出版社

图书在版编目(CIP)数据

保釐云间:上海历史上的神祇、信仰与空间/王启元,石梦洁著. —上海:上海古籍出版社,2020.3
(上海地情普及系列丛书)
ISBN 978-7-5325-9451-1

Ⅰ.①保⋯ Ⅱ.①王⋯ ②石⋯ Ⅲ.①神-宗教文化-宗教史-上海 Ⅳ.①B933

中国版本图书馆CIP数据核字(2020)第020165号

上海地情普及系列丛书

保釐云间

——上海历史上的神祇、信仰与空间

王启元　石梦洁　著

上海古籍出版社出版发行

(上海瑞金二路272号　邮政编码200020)

(1)网址:www. guji. com. cn
(2)E-mail:guji1 @ guji. com. cn
(3)易文网网址:www. ewen. co

上海商务联西印刷有限公司印刷

开本710×1000　1/16　印张14　插页3　字数195,000
2020年3月第1版　2020年3月第1次印刷
ISBN 978-7-5325-9451-1

K·2751　定价:58.00元

如有质量问题,请与承印公司联系

序

    王启元、石梦洁写了一本有关上海宗教场所史地考证的书《保釐云间——上海历史上的神祇、信仰和空间》，邀我写序，读后颇有些惊喜。这些年来，启元的治学领域越来越宽，从他在复旦中文系古籍所的博士论文所做的明代江南佛教，延伸到上海地方史、近代佛道教，乃至中西宗教交涉等课题。做学问，一定是要持之以恒，在一个领域内深耕细作，把问题摸透想明白，这是自然。但是，适时适当地跨领域、换题目，也是做学问的不二法门。四十年前我在复旦历史系读书的时候，中国思想文化史研究室的老师们有一个说法，每五年即使不打开一个新领域的话，也要换一个新题目，不然原来的学问就会固化、僵化，想来蛮有道理。当时还没有"跨学科"（Cross Discipline）的说法，但学术原理是一样的。跨界的方法是有益的，也是有效的。当把上海地方史和宗教生活这两个领域合在一起的时候，一个新的领域，一批新的题目就浮现出来了。

    《保釐云间》中的一些题目看似细小，比较冷门，其实相当重要，关系地方文物，也联系到地方认同。"徐光启的故居在哪里""上海的罗神庙""城楼上的四位守护神"，其他诸如龙华寺、南翔寺、天通庵、敬一堂等，启元都是用考据学的方法来清理史迹，然后用宗教学的方法来解释变迁。在十九世纪迅速成长为"国际大都市"的上海，其实也是一个信仰资源异常丰富的本土城市。即使到了1930年代，在充分城市化了的沪中、沪东、沪西市区，仍然存在着大量传统寺庙、道观，当然还有更多新建立的西式的礼拜堂、天主堂，壮丽辉煌。上海的信仰空间，只是表面上被城市化、世俗化浪潮掩盖了，实际情况却是它们一次次顽强地重建、竭力地转型，去适应现代社会。《保釐云间》用很多有趣的故事提醒读者，信仰不单是精神性的教义形态，更明显的是物质性的实体形态。后者经常为市民们津津乐道，因而比较容易成为当地人民的文化认同。书中钩沉出那些有幸保留下来的信仰空间，成为大都市里的标志性建筑，如龙华寺、静安寺；有些不走运的教堂、庙宇遭遇冲击，艰难维持，也终于保留下来，成为文化遗产。如原南市区老城厢徐光启家族的敬一堂、徐氏宗祠，就可以为城市中的故事和传奇增添一笔。稍稍考证、分别一下的话，我们看到那些被拆除的信仰场所，如罗神庙、天通庵，大多并非是因为缺乏信徒，或者是阻扰进步、妨碍市政被淘汰的。查看下来，一系列"现代化"运动的意识形态冲击，才是信仰空间消失的直接原因。

"保釐"一词，出自《伪古文尚书·毕命》篇："以成周之众，命毕公保釐东郊。"周康王任命毕公在东郊设治所，保护民众。该治所是不是一种宗教场所，如祠、如庙、如坛，不得而知，经师如孔颖达并没有明说。但是，明清时期江南各地都祭祀不同的神祇，作为自己城市独特的保护神。地方共同体有自己的信仰特征，从文化认同的原理看，江南都邑和同期的意大利城市并无二致。苏州城隍庙供春申君黄歇，上海城隍庙供秦裕伯，这些在乾隆年间已经名闻江南。上海人不但每年春秋两季在城里的大庙中公祀秦裕伯、黄道婆，还把自己喜欢的各路神祇供到城楼上去，天后、观音、真武、关帝，即"城楼上的四位守护神"。老上海人在初一、十五，或者逢重大事项，都会登上城墙，给那些儒、道、佛神祇烧香，祈求"风调雨顺""保境安民"。这是《保釐云间》考证和复原出来的一段消失了的本土信仰。

上海在嘉靖三十二年（1553）仓促建造、至1911年为对接租界交通一夜拆除，在358年之间有一座周长十二里、不大不小的圆形城墙。有城墙的年代里，上海县在万历至乾隆年间的富庶和繁华，已经追赶苏、扬都会，超过了大多数江南县城。一个明显的征象，就是上海人在城墙上大建阁楼、庙宇，安置神祇。烧香烧到城楼上，这种盛况在府城、都城也不常见。上海的大寺庙不在城里，故城厢没有大型佛塔。但是，上海小东门上的丹凤楼安置天后（妈祖）宫，东北城墙上建有观音阁，新北门上安置真武（大帝）庙，西北城墙上大境阁则供奉武圣关帝，也算是高擎信仰。乾嘉年间，丹凤楼在城墙上再加建三层高楼，一楼观景，二、三楼烧香。沪城八景中有"凤楼远眺""江皋霁雪""黄浦秋涛""海天旭日"四景都在城墙上，城墙上香火缭绕，香客、游人络绎不绝。说起来有这么多神祇分镇东、西、南、北，上海在清中叶以后确实"暴发"了，后来租界（北市）的融合型超高速发展，也是以老城厢（南市）作基础。宗教空间护佑世俗空间，或者这就是所谓"保釐云间"的蕴意吧。

按学者此前的考证，最早在万历年间，上海的"丹凤楼"由抗倭时期的敌楼改建为祭祀用途的庙宇，安顿从福建来的顺济庙妈祖（天后）。史家有称，这一次的偃武修文，使上海后来的发展就比较顺当了。历次战乱，哪怕小刀会占领了上海邑城，李秀成攻入了西郊徐家汇，最后总会有所保卫，天佑上海，逢凶化吉。大概也是这个原因，近代上海市民的护庙、建庙热情非常高涨。我们发现，历次毁庙之后，上海的每一座寺庙几乎都在次年就重建了。按《保釐云间》中记录的情况，1853 年小刀会、太平军烧了大境阁、真武庙，上海百姓在收复上海后马上都加以重建，然后市面恢复，发展如初。1911 年底，李平书等人在辛亥革命高潮中提议拆除上海城墙，除了"大境关帝庙"保留下来外，城墙寺庙的众多神祇一时之间就消失了，从此无法修复。当时来看，真武庙、关帝庙、天后宫的香火仍然旺盛。一下子没处烧香，从信仰生活上来讲是一场灾难。拆去城墙、寺庙之后，老城厢的市政面貌并未改善。河浜填了，路拓宽了，"南市"的市面不但没有赶上"北市"租界，反而不断恶化，越来越挤，越来越脏。没了城墙和寺庙，城不城，镇不镇，乡不乡，在 1930 年代就被公认为现代市政建设的失败案例。爱因斯坦、罗素访问上海，被邀请游览南市。爱因斯坦造访过南市胜地"梓园",事后在游记中却说不喜欢建筑以外的环境,形如"China town",诸如此类。

《保釐云间》是一部有意思的书,还在于它呈现了近代上海信仰空间的多样色彩。上海自 1843 年的开埠以后,英、美、法租界迅速发展为一个"维多利亚式"的现代城市。现代大都市的一个特征,就是信仰空间的多元化,这一点在上海显得非常突出。侨民们建立教堂,如英租界圣三一堂、法租界圣若瑟堂、董家渡方济各堂、徐家汇依纳爵堂。在那里,信仰空间转为西方式样的华美、壮观,与本土的传统寺庙形成中西对照。众所周知,维多利亚时代的英式制度并不压制,也不怎么歧视异族宗教,反而还有对"异域"(exotic)的浪漫欣赏。加上江南本土各类信仰只顾自己的香火,对别的多有好奇,少行排斥。中西双方的文化宽容,令上海大都市区内的信仰空间相当和谐。《保釐云间》介绍了一位早期英国在沪侨民葛骆(William Kahler)在 1860 年代记录的上海人信仰习俗,他的著作《环沪漫记》(Rambles round Shanghai)饶有兴味地记录了城隍、妈祖、观音等信仰,对儒生、道士的针灸、正骨技术,甚至一些无稽的神话、传说也加以赞赏,王启元说他"对中国的地方文化似乎颇有些了解之同情"。是的,十九世纪欧洲人对海外的本土信仰加以欣赏,并不是一种科学态度,而是一种文化态度。就科学来说,传统的本土信仰,无论儒、道、佛,都有非理性、没道理的地方,需要革除。但就文化来说,为了避免冲突,也为了有趣生动,应该对一些哪怕是"落后""迷信",但暂时并无大的伤害的信仰加以尊重。这种"宽容"精神,是英国人为现代政治做出的杰出贡献,江南人的"圆融"精神与之相像。

一百多年来,由于物理形态的市政更新和改造,上海城市的信仰地图变化多端,很多地方的细节已经十分模糊,甚至完全丢失。在城市实际生活中,要去寻找百年前的一座寺庙、一座教堂,已经非常困难。上海比较幸运,拜率先现代化所赐,我们有 150 年来经过勘探、不断出版的城市地图可查。启元花了不少功夫去查证,结果就在目前上海的幅员之内，有了很多新发现。王启元博士毕业于复旦大学中文系古籍文献整理专业，他加入上海地方史志研究队伍是怀有专长的，必能有所贡献。还有，他是生长于斯的上海人，熟悉自己城市的文化，更使得他能够方便从事这方面的工作。希望看到更多年轻的文史学者，在自己的专业之余，也来写写上海，事有可兼，发现身边。

李天纲

2019 年 7 月 30 日

目　录

图版目录

绪　说

　　重梨匆匆出门，路过法华寺前，见山门内天王怒目，不由得心慌，怎奈出门走得急，不曾带些零钱，只能心里默念："神明庇佑，改日来烧纸钱。"听说斯城要出远门去读书，怕是再见不着，重梨想跟斯城说句话。可家里人多，即便四目相对也不曾开得口。今早见了父亲派人挑了行李送去码头，准是去周家桥上的船，至于那船往哪儿开，重梨并不知道，依稀记得若往下，要经过洋教堂。周家桥码头太大，家里叔伯没准都在那儿，跑去那儿见了也怪害臊，好在李淞泾窄，没准可以在岸边遇上。法华寺离泾边二里地不到，但才出寺门突然下起了大雨，春末时节，江南雨水不少，重梨只恨着急出门，忘记了带伞，现在又恼又悔，后悔自己早饭见斯城时没胆子开口。

　　斯城是重梨的远房表兄，其实这亲着实挺远，斯城的父亲是从引翔港那来到镇里，并不是本地人，这中间也不知隔了几辈的姻亲。但族里看斯城这孩子安静好读书，父母又不在跟前，所以特别钟意。重梨是喜欢斯城的，知道斯城是要外出读书的，只是一直以为远行尚早，所以话也就没有挑明。县西这一带自逊清以来一向是开明通脱的，缘着这里早有西人开办学堂，讲授新学，本国的格致耆老，也频频在此讲文论法。重梨与表亲兄妹们都曾在镇上进过学，也知道镇南大市上还有座圣依纳爵学校，如果自己能跟斯城在那里继续读书，也免了自己的相思之苦。不过斯城想去个更好的学堂，听他跟自己的父亲说，想去"亚美利哥"或是"耶礼"的学校，镇北梵王渡周家公子也是去的那里。周家的事，重梨是知道的。周公子在梵王渡的书院读过后不过瘾，又坐了老久的船远渡重洋，读书归来，去北平教书去了。北平尚且远得超乎重梨的认识，何况是大洋彼岸。

正在胡思乱想，雨愈发大起来，重梨无奈想唤一只船载自己回家去，这时一只快船迎着过来，重梨唤道："搭个船。"船家对里面道："'因风吹火，用力不多'，一发搭了她去。"里面出来一后生，打着一把新洋伞，正是斯城，惊讶道："你这是去哪儿？"重梨心中大喜，扯了个谎道："我爹让我来送送你，怕你不认得路。"重梨本想说"怕你饿着"，但转念一想自己什么吃的也没带。斯城道："今天也是怪了，半天也等不到一只船去江上，只有这位嬷嬷往东面县城里去，只是要绕一程，不想在这儿又碰上你，神明保佑。"重梨往日都是走梵王渡出的吴淞江，然后到江口一带的热闹租界，今日走得不比往日，心中不免喜忧忐忑。船自李漎泾行，东面依稀能看到文忠祠，今天在里面办了学，再过了镇南，来至这徐家汇市。重梨见有大墓，问这是谁人的大冢与别家不同，斯城道，那是徐文定公墓，胜朝内阁阁老，又是奉教的柱石，自然与人不同，文定公的后裔子孙聚居于此。其间学堂尤其多，规模最大者为商部实业学堂，其他还有震旦学院、徐汇公学，刚才行船遥遥望见的李文忠公专祠，铜像巍巍，亦一巨观。重梨不懂，斯城说，对岸就是西洋人建的天文台，震旦学院就在天文台边办过，教人西洋拉丁文，不过现在迁去别的地方，一会儿会路过。

船过育婴堂，再穿过东、西庙桥，远远望见沈家浜一带乱坟成片，不远处在建一座新桥。斯城说，那是护军使老爷要建的，桥名字也是老爷的讳名。重梨见着乱坟堆有些怕，斯城故意逗她："太阳还没下山呢，你就怕了。"重梨道："我哪里怕了，我要进舱里。"斯城把重梨拉出来看河景道："我来给你讲个这里发生的故事你就不怕了。"重梨把脑袋探了出来。

斯城一本正经道："徐家汇路那边有个地方叫沈家浜，那里有一大片枫树林……"重梨吓得又躲了进去，斯城把她拉了出来，挽着她的臂继续说："有一次一个大胆的男子在这里迷路了，忽然看见前面有一个很漂亮的女子在走，他知道三更半夜在深山冷谷中绝没有一个单身女子的，所以他断定她是鬼。于是他就跑上去，说：'我在这里迷路已经有两个钟头了，你可以告诉我一条出路么？'那个女子笑笑回答：'不瞒你说，我只知道回家的一条路。''那么我就跟你走好了。但是奇怪，怎么三更半夜你一个单身的女子会在这里走路？'女子说：'我母亲病了，我去买药。'男子说：'我就是个大夫，我来看看什么病？'女子说了句不用，就不说话。男子便又问：'你难道一点不怕么？'"

"'沈家浜这里我很熟。''但是假如我存点坏心呢？'女子没有回答，笑了一笑。男子又说：'我忽然想到，想到假如你是我的情人，或者妻子，在这里一同走是多么愉快的事。别误会，我只是一个普通的男人，见了你这样美丽的女子，难道会不动情么？'他说着说着把手挽在她臂上。'你怎么动手动脚的？''我迷路两个钟头，路又不熟，脚高脚低的，所以只好请你带着我，假如你肯的话，陪我休息一下怎么样？'他把她的臂挽得更紧了。'好的。那么让我采几只柑子来吃，我实在有点渴了。'她想挣开去，但是男子紧拉着她：'那么我同你一同去，我也有点渴，有点饿了。''不用，不用，你看，这上面不都是枇杷么！'她说着说着，人忽然长起来，一只手臂虽然还在男的臂上，另外一只手已经在树上采枇杷了……"

重梨吓得一声大叫，斯城搂过她，重梨脸一红，挣脱开了。

又过了几座木桥，斯城忽然对舱里喊："重梨，这是到了你们家呢。"重梨探出头来张望，只见浜上一个河湾，并不是镇上的样子，斯城笑道："这是罗家湾，住这儿的都是你本家。刚才天文台里办的震旦，现在办来这儿，你看那儿还有个洋教堂。"重梨不理他。

船转过斜桥，斯城道："就快到晏公庙了，往前过了承恩桥就是，庙里祀的是宋代的晏敦，明代时被封了平浪侯。"重梨还是不作声，船嬷嬷开口："只能到护城河寺浜下，一会儿过西门就到。"

斯城便与重梨介绍大境上的桃花、振武台上的真武，重梨都闭口不语，斯城问她是不是哪里不舒服，重梨也摇摇头。嬷嬷一笑，把船拢在丹凤楼下。斯城无奈，一时不知是不是要上岸，重梨在舱里坐着，低头说道："斯城哥哥，你说你知道咱们这地儿这么多好学校，为什么偏要上那么远的地方去读书？"斯城一愣："你这是听谁说的？""我前儿听爹爹说的。"斯城一笑道："你以为我是去的哪儿？""我只道你是要出洋去，着了这身洋装，去美国？还是耶鲁？"斯城道："傻孩子，我不去那么远。"重梨问："那你为什么总跟我爹说美国什么的？""那是因为，我最服膺的学校，校长是美国耶鲁大学毕业的博士，学校也是新开的。"重梨问："那所学校在哪？""离这已经不远了，我一会儿上岸去换火车，坐到底就能到。"重梨又问："那你去学什么？"斯城往重梨的鼻子上一划："我去了你就知道。"

　　船嬷嬷在边上听着，悠悠一笑道："后生，你既然是要去坐火车，我要不撑你去那？"斯城一听大喜，嬷嬷又道："不过这段得加船钱。"斯城满口答应。船出了寺浜进了黄浦，再从头坝拐进了吴淞江，在天后宫码头下拢了，催促他俩上岸。斯城欲翻行李，重梨道"我们先上岸买车票，一会儿来补嬷嬷的船钱。"嬷嬷道："那留个物件，好记得来赎。"斯城见天晴，干脆把洋伞给嬷嬷道："这把新伞先放您船上，我们去去便来。"车站就在宫后，斯城买了票，予了零钱给重梨当盘缠。二人月台向别，重梨对斯城说道："明年我也出来读书吧。"斯城道："我给你出个主意，也不必像我这般读得辛苦，你可从这里坐车到江湾镇，然后往东二里地有座景德观，再往东有所学校，原本是从文忠祠迁去的，校长也是耶鲁的毕业生。听闻得近年开始招女生，四明银行严公子的千金就在里头读书呢。"重梨点头。火车开动，遂就此分别。重梨再去码头，那位船嬷嬷已寻不见，重梨遂另雇了船，溯江而上从梵王渡回了家中。

　　老爷见重梨出门一日只道是玩耍，不免训斥一通，重梨也不敢道实话，闷闷不乐。晚间重梨与母亲说了送斯城的事，母亲微微一笑，转头道："明日是天妃娘娘圣诞。去天妃宫散散心。"重梨问哪个天妃宫，母亲道："丹凤楼也好，江边上的也行。"重梨一想今天竟都路过，不及去向天妃娘娘跟前许个愿；又一转念，斯城没有远行，还叫她一起出来读书，那明天一行就当是还愿。母亲道："莫不是天妃娘娘显灵，你今天才遇得上斯城，斯城也就是去的吴淞求学。"重梨越想越是，没准那把不见的洋伞，就是丹凤楼上娘娘行宫里立着的。想着想着，又想起白天经过坛庙祠宇，等闲了都要去了个心愿。

王启元
己亥孟夏于江湾叶家花园延爽馆

徐氏祖宅、文定公祠及其他

徐光启（1562—1633），字子先，号玄扈，天主教圣名保禄（Paul），死后谥号文定。万历三十二年（1604）进士，选翰林院庶吉士，官至崇祯朝礼部尚书兼文渊阁大学士、内阁次辅；他是吾国史上著名的政治家、军事家、科学家，上海历史上最重要的地方乡贤之一，同时也是近世中西交流史上最有影响的人物之一。作为一位地地道道的上海人，徐光启与上海有关的场所颇多，其中无疑以徐家汇最为出名。徐汇区南丹路上的光启公园为徐光启的墓园，人所共知。徐氏出生地及其祖宅所在地，则在上海县城南、今传为"九间楼"附近；而在南城外陆家浜北岸，徐氏还有一座别业"双园别墅"，是他晚年颐享天年的地方，大约在今陆家浜路北桑园街一带。这两处住宅，都曾短暂安顿过明末来华传教士郭居静（Lazzaro Cattaneo，1560—1640）等人。据记载，徐光启与其子徐骥，还曾经营过一片著名的庭院"桃园"，作为别业之选，今人却难详细其基址出处，其之后流变就更不得而知。

作为近世国史中自上海滩走出的第一流人物，若这些与徐光启相关的沪上场所不能得到充分的研究与发扬，确实略有愧于先贤身前懿行。研究界曾囿于文献整理出版的限制，对徐光启与上海的关系的研究确有不少尚待深入的地方；今有上海市方志办、通志馆所编《上海府县旧志丛书》大宗地方文献出版，使得探讨这一地方研究话题重新变为可能。除了位于徐家汇今光启公园内的徐光启墓园外，诸如近代以来已有定论的徐光启旧居（祖宅）即为今乔家路228号到244号的"九间楼"，似有可商榷之处；而城外关于徐氏的居宅产业、并其与天主教传教士交往安顿之所，亦已存多种转述传说，需要重新考订厘清。徐氏乃近世国史中享有剧名的人物，其

图 1　潘国光墓志

居止之所等信息确应得照实。因据传世方志及地图等材料，还原徐氏故宅及相关场所，以彰沪滨名贤之德。

徐光启在上海留下的居舍陵墓总共四处，并有相关的早期来沪天主教活动场所两处，他们分别是：

（1）徐光启故居、祠堂。位于今传"九间楼"附近，含徐氏宗祠及徐光启为郭居静所建教堂；

（2）徐光启陵园及土山湾；

（3）徐光启双园别墅；

（4）徐光启、徐骥桃园别墅；

（附5）潘国光与徐氏后裔所建敬一堂；

（附6）潘国光墓，即其亲自营建的西士墓。

其中徐氏陵园（2）今天保护与研究已非常到位，而双园别墅（3）与潘国光相关场所（附5、附6）则几无剩迹，将附论于后。

兹略论所传"九间楼"区域，与徐氏"桃园"本事。

一、徐光启故居在哪里

上海博物馆藏《徐氏宗谱》、上海县地方旧志书一致记载，徐光启出生于上海县城内的太卿坊，即为徐家的祖宅；梁家勉、李天纲等所编《徐光启年谱》亦从此说，以为定论。据文献此处居所在徐光启祖辈时即已居住，尽管徐父出生在法华镇，但一家最重要的居所为此太卿坊徐宅。不论是徐光启高中进士、出任京官，以及丁忧回家居住，徐宅主要位置一直没有改变过。崇祯年间，此宅成为徐文定公的祠堂，晚清时老祠堂改为徐氏宗祠，又在老堂之西新修

图2　晚清民国时上海徐文定公祠仪门

了新的文定公祠。

由明入清后的徐氏家族，保持人丁兴旺，族人多聚居此一区域附近，直至近代依然活跃。徐氏明代宅院除自然老化损毁外，亦遭近代多次战火破坏，其中在抗日战争时期遭炮火殃及，破坏尤甚。但徐氏故宅具体位置与保留下来的建筑情况，未必如今天传世材料说明的那样。

民国以来流传着一个说法，指上海县城城南乔家路南侧一排沿街房屋，为徐氏故宅遗址，与居住在城外桑园街、徐家汇的徐氏后人一起，构成了今天徐氏宗族于上海最重要的分布。二十世纪五十年代，文物管理部门确认，今乔家路228号到244号的"九间楼"，为徐氏祖宅遗址，宅中徐氏后人捐出多件文物，受到嘉奖。1983年这里正式立牌为徐氏故居（可参《徐光启后裔徐承熙：父亲把家谱和光启墓捐给了国家》《"九间楼"是如何发现的？》等）。由此，徐光启曾安顿传教士郭居静、并为其建造沪上第一座教堂的地方，也就理所应当定位在这里。同时，在此处以北的光启南路

图 3　今"九间楼"碑

图 4　晚清民国时徐文定公祠照片

（旧称阜民路）里弄中，曾有徐氏祠堂，最晚于文革时被毁，今存有近代照片，匾上有"明相国徐文定公祠"字样。

这一些看似定谳的结论，却仍未能经过传世文献的验证。其中首先遇到的一个大问题，就是"九间楼"的传说的出现过程。所有早期关于徐光启的传世文献及清代上海地方志中，都从未提过任何"九间楼"的记载，甚至这一表述完全不符合传统建筑语言的习惯；古建筑中常用的"九间"一词，显然是指面阔九间，历代古建面阔九间多用于衙署或寺观，用于民居似非多见。同时，这片建筑的位置与周围环境似乎与历代文献所述也不甚符合。今存"九间楼"建筑群与徐光启祖宅间的关系大有其疑问之处，兹列几则比较显著的问题，亦为今天重新定位徐氏祖宅的关键，分列于下：

1. 明清以来"太卿坊"及"太卿坊街"具体指的是哪个位置；
2. 徐光启祖宅的空间与限制，尤其其西侧空间情况；
3. 晚明时代所立徐氏祠堂、徐文定公祠与祖宅的关系。

现分别加以讨论。

1. "太卿坊"与"太卿坊街"

通过上海历代县志的记载，"太卿坊"这一地方与徐光启的关系为世人所熟知。明嘉靖时（1524）所修上海县志中已经提及"曰符台，曰太卿，为沈瑜立"；上海县城内的"符台坊"与"太卿坊"，均是为沈瑜所立。上海名贤沈瑜的传记，在上海最早的地方志《弘治上海县志》（以下省称为《弘治志》）（1504）中就出现了，从历代县志文字中我们得知，他是景泰年间举人，成化年间预修《英宗实录》时授中书舍人，后升尚宝丞卿、太常寺少卿，所以县志中所言坊名，其实就是官名，"符台"即为尚宝司别称，后代县志中皆谓为沈瑜立"尚宝""太卿"二坊。

不过，需要明确指出的是，在设立这两个坊的时候，上海县城的城墙还没有建，那么当时里坊设置的边界，无疑需要依靠天然的水道与现有的建筑与道路来划分。而到了《万历志》时（1588），其中的尚宝坊已废，太卿坊尚存；其中最可能的原因，就是彼时城墙已设，城内道路及建筑物需要按照新的城墙形态来布局；以太卿坊已在城南来推测，尚宝坊应该也在城南，且与城墙位置相重叠，修城后此坊遂废。太卿坊似乎到《乾隆志》（1783）中还成建制，直到《嘉庆志》（1814）中，才明确提到此坊已废。关于太卿坊与徐光启宅关系的记载，也始于《嘉庆志》；之前康乾多志中，都未有明确描述。

《嘉庆志》中有两条重要的信息，徐光启宅在太卿坊，徐光启祠亦在太卿坊。徐光启宅有建筑"后乐堂""尊训楼"，《嘉庆志》言存，《同治志》言毁。徐光启祠则有崇祯年间赐额"王佐儒宗"。细究《嘉庆志》及后代所修志书语句，有一点颇可以注意：既然《嘉庆志》首言太卿坊已废，那么为什么又是《嘉庆志》首先著录徐氏宅、祠，同时又出现在太卿坊？

考《嘉庆志》及其最为相近的《同治志》中提到太卿坊时的表述，除了上述与徐光启相关之外，都集中在地名的指示，如下：

1. 乔家栅，在小蓬莱东南，东通太卿坊。（《嘉庆志》）
2. 乔家栅，太卿坊西，至永安桥。（《同治志》）
3. 麦家衖，太卿坊西。（《同治志》）
4. 徐光启宅，在太卿坊。（《嘉庆志》）
5. 徐文定公祠，在太卿坊。（《同治志》）

通检历代上海县志提及太卿坊处非常有限，最主要集中提到在"太卿坊"西处的乔家栅与麦家衖这两处方位，可见图5中所示。

根据老地图所示，太卿坊周边环境可以一目了然；其中乔家栅和麦家衖，都连通地图中的"太卿坊大街"，其实与大街同属一个街区，徐光启祠亦同在此一街区中。揣测县志文意，在表达方位时鲜有表包含意，如"乔家栅，太卿坊西"，并非指乔家栅位于太卿坊内西侧，而是表示太卿坊外的西侧，所以今天太卿坊大街西侧街坊可能与晚明清初的太卿坊关系不大。综合县志中遣词习惯，及清

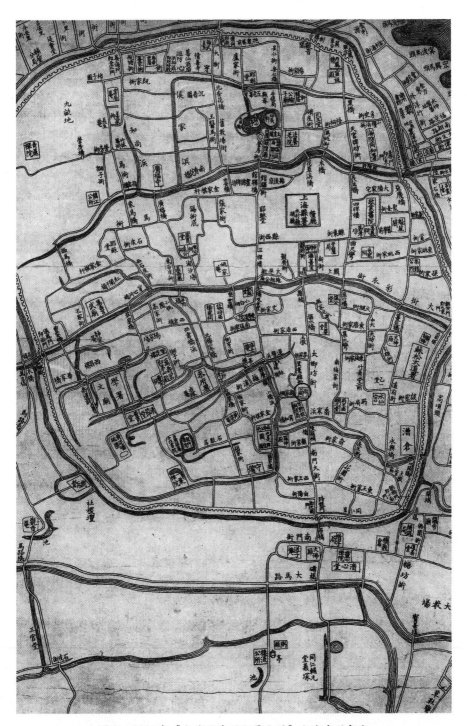

图 5　1884 年《上海县城厢租界全图》上海城厢部分

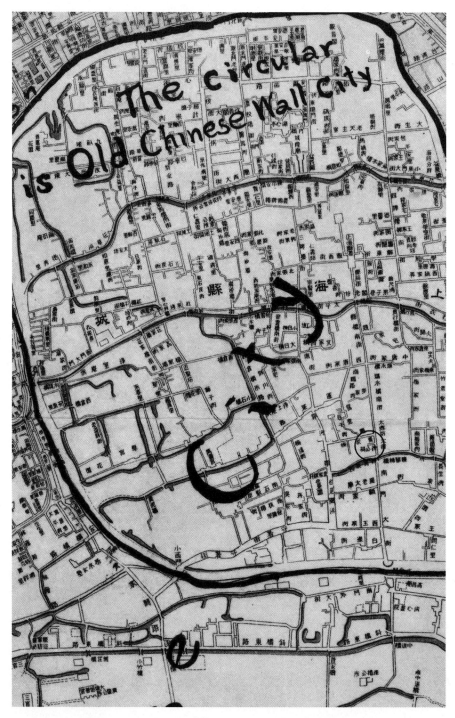

图 6 1913 年出版《实测上海城厢租借图》城厢部分

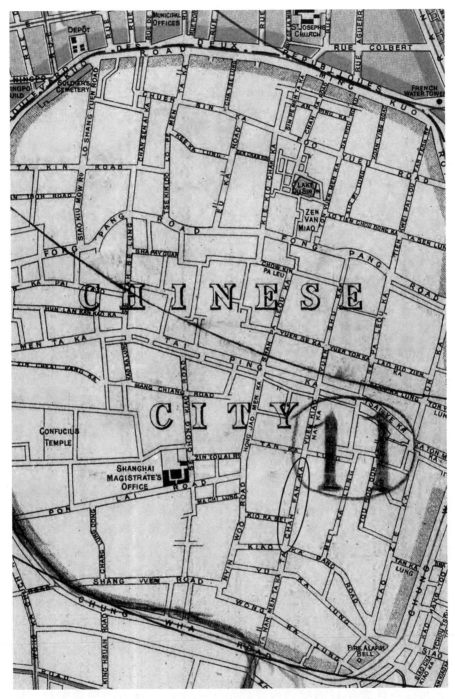

图 7　1918 年《北华捷报》（North-China Daily News & Herald Limited）出版的《上海
地图（Map of Shanghai）》局部。图中可见太卿坊街位置。

中叶后太卿坊被废的状况，《嘉庆》《同治志》中出现的指代方位的"太卿坊"一词，甚可能就是今天旧地图中的"太卿坊大街"。这样也就能合理解释了县志中上引关于"乔家栅""麦家衖""徐文定公祠"描述的合理性，两处在街西，那处祠堂即是沿街，与清代地图标识相仿，那"徐光启宅"不出意外也应该就临街而设，且相去应当不远。

知道了徐祖宅与祠堂都临太卿坊街，那么同光时代的"太卿坊街"究竟多长，是否与今天的光启南路一致，就变成一个非常重要的问题。这条今名"光启南路"的街道，于清代怎么分段命名，仅通过方志我们无从知晓，不过幸好晚近地图给我们留下了线索。从上海县城内最重要的河流——肇嘉浜上的阜民桥、即"县桥"南向一直到大南门附近，就是今光启南路故道。但清代从县桥南下至唐家弄附近一段，曾名"县桥南街"。唐家弄在此分东西两段，而此处分界旧为流水，西通薛家弄，水上有桥，名"阚水桥"，又作"塌水桥"，此路以南一段名为"阚水桥南街"。从地图上看，此街南接太卿坊街，两街分界似不易探知，但至少地图上"麦家衖"处，已是太卿坊街段。太卿坊街南抵薛家浜，有座广济桥，俗称"陈箍桶桥"，此桥下薛家浜段又称乔家浜，也就是今天乔家路的前身。过了此桥不出一里就是大南门，这段路名又换作了"南门大街"。

有些地图似取乔家浜南顾家弄，为太卿坊街与南门大街分界，这也就造成了一个大疑案："太卿坊街"究竟南段延伸到哪里，是乔家浜上的广济桥，还是顾家弄路口？今自乔家路至顾家弄段光启南路，明清时代究竟是属"太卿坊街"，还是"南门大街"？若要彻底确证，恐怕得等更多的材料刊布。不过有一点，城南薛家浜作为城中最重要的"五大水系"之一，是上海县城南重要的里巷分割线，在其未被填河筑路前，无疑最有资格作为太卿坊街与南门大街的天然界线。

这一悬案正好困扰到徐光启祖宅的定位。从方志记载来看，徐光启祖宅与祠堂都位于太卿坊街沿街，大概率两处相连或即为一处，因为徐氏族中是有在旧宅中立祠堂的习惯，下论桃园别墅中就设了文定公的别祠；对照地图所绘，已知徐光启祠堂就在太卿坊街的麦家衖至乔家浜区段内。今天存疑的"九间楼"建筑群，则在薛家浜河南岸，也就是"太卿坊街"南侧存疑段。若"九间楼"原有建筑紧贴今光启南路，亦有可能为"太卿坊街"沿街建筑。如此，两处疑似徐氏祖宅，若光从旧志对照地图，似乎仍不足以定谳；徐光启祖宅并非"九间楼"的定论也不易就此推翻。

2. "居第之右"

另一条线索为徐光启曾在崇祯年间，接待并安顿由南京而来的意大利传教士郭居静，还在自己太卿坊"居第之右"，建了一座天主堂（据清初上海知县涂赟所记）。关于这座天主堂的信息和位置，早期材料记载都非常简略，多沿袭徐骥编乃父《文定公行实》和《利玛窦中国札记》等材料（见李天纲《增补徐光启年谱》所引），且语焉不详，只知道这座上海第一的天主堂，坐落在徐光启宅西，其空间非常有限。到了崇祯十年，另一位意大利传教士潘国光（Francesco Brancati，1607—1671）主持上海教务后，"以旧建堂卑隘，瞻礼者众，不足以容"（《敬一堂志》卷首李瑞和记），不得不另觅场所，终在徐氏后人的帮助下，于今天的城隍庙东、梧桐街处，新建了一座教堂"敬一堂"。这座教堂屡经兴替，但仍保存至今，建筑内部气势恢宏。环视今存敬一堂周围，亦嵌于城厢里坊之间，并非想象中一片开阔之地，然已颇让明季之潘国光满意，可以想见之前徐宅西侧老堂的空间有多逼仄了。

今天所知徐文定公祠在乔家栅以南、太卿坊大街西侧，大约亦即徐氏祖宅所在地，此处再往西便是"鸳鸯厅弄"与"百子弄"等街坊，对照古今地图来看，宅西区域已特别狭小，此地若即为徐氏大宅，确实没有太大的空间留给新教堂。

再看乔家浜河南岸"九间楼"一带，东自太卿坊—南门大街，西至中心河（今凝和路）兴隆桥东，清代地图显示"九间楼"西并没有大型里坊，面积比今存"敬一堂"一带大不少；初来上海的潘国光似乎没有必要大老远跑到城北、托人寻找一片尚不如此的地皮建新堂。故以宅地西侧空间来看,应该是"九间楼"非徐氏祖宅的最好例证——何况,"九间楼"西还有另一座小有名气的本土神祠:罗老太庙。

早在明隆庆、万历朝时,松江府城(今上海市松江区)建起了第一座"罗神庙",此后上海县陆续也建了几座罗神相关的庙宇,其渊源详见下一篇。其中这座位于城南的"罗老太庙",在志书中出现得不多;大学者俞樾参与修撰的《同治上海县志》,是少数详细介绍这座寺庙的旧志之一。此庙位于县城中心河与薛家浜交界处"兴隆桥"东面,今"九间楼"西南,从存世地图来看,庙门应该南向顾家弄,修建的时间不易确定,从旧志记载中猜测建造时间应该晚于松江府城那座罗神庙(详下),但似乎与上海县城西的罗神庙出现时间相仿,都在明末创建。入清后此庙屡经维修,可能在太平天国前后庙被毁过。同治初年徐光启的后人徐文瀛倡议在旧殿原址后空地重建罗老太庙,平屋三开间两进。即便旧殿废却,依然能在其后继续营建"三开间两进"的新殿,此处空间之大,可见一斑。且此地直至晚清地图标识中无里坊交错,是为一理想的营建公共空间的场所,"罗老太庙"即为最好的例证。所以此处曾立堂,优势多有甚于梧桐街者,而非智慧如潘国光者所肯舍弃的地方。

还有一点不可忽视,明季西来传教士及早年受洗的中国信徒,对本土信仰尤其是本土信仰神祇持极端否定的态度,只需略翻《利玛窦中国札记》便可知晓。若"九间楼"边不仅有一座典型的本土民间信仰的神祠,而徐光启、郭居静又把上海第一天主堂就建在此地不远,这显然是不太可能发生的事情。反观薛家浜北徐光启祠堂一带,地理描述显然更为合适。

对于文定公祠附近空间,还有一条记载可以作旁证。松江府、上海县旧志皆载,太卿坊建徐文定祠在崇祯年间,并赐额"王佐儒宗"。依前文考证,此祠沿太卿坊街,民国时已不存,而文革前留下照片的那座徐文定公祠,在旧祠之西,为光绪五年(1879)徐氏后人徐子嘉等所新建,而旧祠改为徐氏列祖的宗祠(参《民国上海县续志》《松江府续志》等)。徐家后人在旧祠之西正好容下一座新祠，这与以旧祠为祖宅位置、在其西新建小教堂的推测，于建筑体量上来看正相当。徐氏祖宅不取"九间楼"而应在旧祠附近，是为又一证据。

3. 祠堂与祖宅的关系

江南地方名人祠的选址，有明显追寻前人在世前后踪迹而定的规律。几种最典型的选址中，祠在墓边的情况最为常见，如浦东陈行乡长寿里的秦公祠，祀上海城隍老爷秦裕伯，此地即葬父子三人之墓（沈秉成《重修墓祠记》）。或者是名贤生前相关的场所立祠，如龙门书院毕业生在书院内立刘山长祠祀刘熙载；陈化成阵亡吴淞口，该地建陈忠愍公祠。还有一种情况就是本人旧宅或庄园，改、增建祠堂的情况，这在本地士大夫中颇为多见。其中最典型的是豫园主人潘恩，身后祠堂一在其身前所复寺院、侯家浜西的广福寺中，另一处即在旧宅边穿心街潘家祠堂。广福寺实际就在其私家花园豫园之西，可见此两处祠堂皆就其旧宅而设。另一位沪上名流陆深身后的祠堂陆文裕公祠，就在陆氏浦东陆家嘴后乐园别墅旧址上。潘恩宅邸之前的主人、四川左布政使沈恩的祠堂方伯沈公祠，虽然没法建在潘家的宅子里，也建在此处不远的姚家弄。地方虽小，但也略尽后人对乡贤的敬意（可参张秉壶《方伯沈公祠记》）。

如此看来，明季所建徐文定公祠，当与徐氏祖宅，也有极其密切的关联。据前引徐宅与初建徐祠都在"太卿坊街"西边，太卿坊街道其实并不长，可以推知两者间相去非常近，甚至可视为一体，徐氏后人将徐宅作为供奉先人神主的祠堂，所以两处同时出现在县志之中。同时，已知城北公子徐骥的桃园别业中，也供奉有徐光启别祠，此与陆深庄园中设祠同例，则徐氏祖宅设祠可能性亦大增。

今存清末民国徐文定公祠照片一帧（图4），推测为光绪年间于旧祠西侧增建，原址不存，地方文物部门曾定位过约在光启南路250弄内某处。

今此处光启南路街边发现两根坊柱，引起学者注意，并纷纷推测石柱原来的作用。如不出意外，二柱当为原太卿坊的坊柱。但因二柱发现位置，即为徐光启祠东侧街边；而太卿坊于清代亦

图 8 今光启南路上石坊柱

废，或者可能此柱为"徐文定公祠"前牌坊，也未可知，有俟地方史专家。

附论"九间楼"的情况。从府县旧志中看，明清旧志皆无"九间楼"之名，"九间楼"仅于《民国上海县志》（1935）中出现过一次，特录于下：

> 天主教之入境，始自徐文定公光启。明万历三十六年，光启丁忧回籍，过南京，请意人郭居静至上海开教。始寓南门内乔家浜侧俗称九间楼，今屋尚存，是为上海有天主教之始。

明代与清初志书只云徐宅在太卿坊，今之"九间楼"名不见经传，且并不靠近大街；可知此说甚为晚出。同时，徐宅在薛家浜南侧的说法，同样晚出，前引《同治上海县志》"罗老太庙"条载：

> 在兴隆桥东，一名兴隆庵，徐文定光启宅旁舍。

那座罗老太庙确实就在九间楼西侧，也间接说明《同治志》时代，人们已经相信，薛家浜以南的"九间楼"区域为徐氏祖宅了。

这其中原因不难想象。首先经历年代久远，且遭逢明清易代文物丧乱，即便家族后人亦未必能记清祖宅事。同时，误记恰恰又出现在太平天国运动之后，此时国运稍平，徐氏后人也有重为地方重要士绅（如徐文瀛）祀奠的时候，需要重新建构祖上的文化传承。九间楼这则"错误的实话"会出现，实际上正是反映出明季徐氏祖宅成为文定公祠后，城内子孙迁居薛家浜南的经过。据今日徐氏后人回忆，文定公后裔于明季开始分居徐家汇（时徐氏墓园）、桑园街（时徐光启双园别墅）和"九间楼"一带。前两处早就是徐光启生前所置办的产业，而"九间楼"薛家浜南岸一带本非徐氏在世时置业，后人搬来此处的原因首先是便于守先人祠堂。同时一大推测：就是原本迁去城北桃园的一支徐氏后裔，于清初桃园出手后再回城内，陆续于旧祠附近所置，这符合徐光启生前对子孙及产业的安排逻辑，俟将来详考。

二、徐光启的"城北桃园"

据记载，徐光启与其子徐骥，还曾经营过一片著名的庭院"桃园"，作为别业之选，今天却难详细其基址出处，更不易知其之后的流变。关于早期桃园别墅及其流变相关的记载，以笔记与府县旧志最为丰富，由此寻找这座被遗忘的"园林"的过程，没想到是一场穿越今古的文化地理之旅。

（一）明代的桃园

徐光启晚年与独子徐骥曾经营过一所郊外的别业：城北桃园。那里在文定公去世后，留下过一座徐公的别祠（正祠在太卿坊）以作纪念。这座桃园别业虽然曾经为上海小有名气的一景，但后来命运多舛,久不为人知,仅能从笔记与方志中找到一丝记录,后代研究徐光启的学者也仅能抄录旧说,未能受到应有的重视。但是精通堪舆地理的徐光启父子挑中的这块宝地,即便不能为"玄都、武陵"之胜,日后也有着非凡的因缘,故此地出处身世颇值得详论,以飨读者。

关于明末桃园最早的记载,应该出自清初笔记《阅世篇》。明清之际有位颇为高寿的松沪掌故家叶梦珠,他入清后陆续写下不少苏松本地掌故,晚年后集为十卷,名为《阅世篇》流传;此书中因详实的地方史料与中肯的视角,备受后世地方志书修撰者的推重,当代学者也对其记载的松江经济史料非常感兴趣。话说回到他笔下有关徐光启的记载,书中"桃园"条详述徐氏别墅情况:

> 桃园,在北郊之东北二三里,故相徐文定公任子龙与所辟也。初,北郊人传露香园桃种,岁获美利,于是家栽户植,每当仲春,桃花盛开,游人出郊玩赏,不减玄都、武陵之胜。龙与性朴务质,有圃一区,于其间杂植桃柳,中筑土山,略具园林之致而已。后见游人日盛,而邻家夸多斗靡,龙与不无起胜之意。遂即土山,增高累石,桃柳之外,广植名花。土石之旁,层峦叠嶂,构堂榭,施丹垩,诛茆覆轩,环以柏墙,曰平江一笠;截棕为亭,踞山临水,曰翼然;土山下瞰大浦,危崖壁立,天风海涛,石洞虚中曲折,人可小憩,曰徐文定公藏书处;两山夹水,一亭中立,曰在洞;石梁卧波,转入文定公祠,曰摄摄桥。登土山,势可望海,引浦泉,潮可灌溉,规方百亩,疏密得宜。崇祯癸未、甲申之间,遂为一邑名胜,经营正未艾也。会逢鼎革,龙与即世,而地近吴淞,往来孔道,营兵纡途而入,攀花摘果,园丁不敢问,园遂日废,而荒基潴白,徐氏赔累无已。西洋教长潘国光用宾故因徐相而来,为徐氏计久远,时与马镇逢知交好,说以土山可以远眺,海寇或入,可以预备,议将园址助为演武场。顺治十四年丁酉,申报各台,以旧场召佃升科,而改治桃园为演武之地,除其两税,作为公占,至今因之。然土山孤立旷地,日渐剥削,无复旧观矣。

叶梦珠提到，上海县城北门外靠近吴淞江处，徐光启与其子徐骥（字龙与）曾经营过一处庄园；其中所说距城东北"二三里"则为约数，虽然相去不多，但对后人判断也略有误导。因园中多种植桃树而被称为"桃园"，主人又"诛茆覆轩，环以柏墙"，所以园中景色大有风致。叶梦珠还提到何以此地以桃为园名。起初有上海城内名园露香园主人曾在园中种桃，被传每年受益颇丰，引得城内外纷纷仿效。徐光启公子徐骥本有个在城北的小园子，此时也种上了桃。最初他大约只是小试身手，后来发现游人众多、加上邻里间的"夸多斗靡"，所以徐公子也忍不住大干一场，在这儿堆起了土山，累起名石，桃柳之外，引种了各种奇花异草，园中顿时活色生香。其所造景致，有"平江一笠轩""翼然亭""徐文定公藏书处"等，皆成本埠名胜。桃园一带地近江边，又累土山，景色本已出色，又经徐公子造园妙手，更是熠熠生辉。叶梦珠用了八个字形容："规方百亩，疏密得宜。"大略已有名园的派头。徐氏桃园鼎盛的时间，据说是崇祯朝的最后两年（癸未、甲申，即 1643 年、1644 年）；那时徐光启已谢世十年余，徐骥在园中已为乃父建了一座文定公的别祠，而徐光启的正祠在他的老宅太卿坊内。

不过即便生前极擅练兵的徐文定公，身后也无法保佑大明躲过满洲八旗的铁骑。顺治乙酉，南都覆灭，徐公子徐骥也在这年去世，美丽的桃园别业从巅峰就此跌入万劫不复的深渊。叶梦珠记载，桃园的位置为军事要地吴淞南进上海县城的必经之路，时常有营兵进来骚扰，攀花摘果，谁都不敢过问，园子自然就衰败下去。而且，园子虽然荒废，但还是徐家名下的产业，每年的田赋还不能少，记载中"荒基漕白，徐氏赔累无已"，指的是百亩的桃园需要交出去的漕白二粮，让并不富裕的徐家负担不起，更要命的是，兵荒马乱之际这块地是决然卖不出手的。眼看徐家要败在这片荒土丘上，这时候，徐家的一位意大利老朋友出手了。

徐光启中年丁忧在家时（天启七年，1627），将一位来华天主教传教士郭居静从南京迎到老家上海。在徐光启的安排下，郭居静曾在徐氏所捐西侧宅地建圣母堂、也称"第一天主堂"；徐光启殒后的崇祯十年（1637），另一位同样来自意大利的传教士潘国光来沪主持天主教教务，因那座小教堂不敷应用，潘国光得到徐光启的孙女、圣名"玛尔弟纳"的帮助，购其夫家城北安仁里潘氏旧宅世春堂，重加修葺，改名"敬一堂"，俗称"老天主堂"。潘公在堂内用太湖石砌了一座观星台，在传教之余还究心天文；这与其来华同侪如汤若望、庞迪我、熊三拔辈学术兴趣相似。敬一堂历经国变、禁教、潘国光去世及清代多次动乱，原址依然保留至今，可谓大不易之事；而它的创始人、徐氏家族的老朋友潘国光神父，在国变之际，替徐家桃园别业解了一次大围，也开启了桃园之后不平凡的经历。

据叶梦珠记载，降清后做到过苏松提督的马逢知，与潘国光关系甚好。马逢知见《清史列传·逆臣传·马逢知传》载：

> 马逢知，原名进宝，山西隰州人。……（顺治）三年从端重亲王博洛南征……十三年迁苏松常镇提督……十七年六月，命廷臣会鞫，以逢知交通海贼，拟并诛其子。八月，上以未得逢知叛逆实事，命刑部侍郎尼满往江南同（刘）之源、（郎）廷佐确审，寻合疏陈奏："逢知于我军在沙浦港获海贼柳卯，即声言卯系投诚，赏银给食，托言令往招抚，纵之使还。又海逆郑成功曾遣伪官刘澄说逢知改衣冠，领兵往降……是逢知当日从贼情事，虽未显著，然当贼犯江南时，托言招抚，而阴相比附，不诛贼党，而交通书信，兼以潜谋往来，已为确据。"疏入，仍命议政王、贝勒、大臣核议，寻论罪如律，逢知伏诛。

这位马提督为人虽然反复叵测，降清以后态度暧昧，但陈寅恪先生《柳如是别传》里就提到钱谦益曾替郑成功争取过这位提督大人；后郑成功反攻南京的"江上之役"得以轻松通过吴淞防区，马提督应该是有功的。当然，在"国姓爷"失败后马逢知不免落得个"通海"的罪名而身首异处了。[1] 但需要指出的是，潘国光与大多数仕明的传教士一样，却都是为明反清的态度，那马、潘二人相交，也就显得颇有意味了。据叶梦珠记载：在马提督尚镇守上海一带时，他的意大利朋友潘国光告诉他，城北有片桃园中有土山，可以供远眺侦察，预警海寇，而这片地方的主人也愿意将其献给马提督，供改演武场之用，马逢知很可能欣然接受，遂在顺治十四年（1657）正式改桃园作公用。从此，这里再无桃红柳绿，只剩演武场上土山孤立旷地，日渐剥离。这时的徐家后人虽然丢了一处郊外别业，但好歹免去兵荒马乱之际的一笔大苛税，也算是丢车保帅了。

《阅世篇》记载的下限，到此为止。甚至行文中仅称"马镇逢知"，要知道马氏因叛国罪而死，后人记载似应有所避讳；可以推测叶梦珠写作这段文字时，可能马逢知还没倒台、大约还在顺治年间的事。这段关于桃园的文字，自嘉庆年间修《上海县志》起就被后代修志学者多次引用。若光凭叶梦珠的笔记寻找到这座"桃园"抑或"演武场"的位置，无异大海捞针。幸亏这里在日后的岁月里，还有过不小的动静，地方志书可以帮上我们很大的忙。

（二）从军工厂到医院

从志书中简要的文字记载来看，这片变为演武场的地方，突然在清代方志中显示出其地缘上重要的价值。《嘉庆上海县志》（1814）载"其址为军工厂"；号为编辑体例"门类允当，脉络清晰"的《同治上海县志》（1870）更是指出："军工厂官地，今为西商租去，厂迁引翔港东。"一下子把原来庞大的"城北"的搜索范围，缩小了很多。那么若能找到兵工厂在哪，也就好办了。据《嘉庆上海县志》中载：

> 军工厂旧在刘河，系苏松太道经理苏松提镇两标外海各营战、巡船只之所。嘉庆六年，因刘河淤塞，运料维艰，分巡道李廷敬请移于县之头坝。所有提标川沙、吴松、刘河、福山、南汇五营，镇标中、左、右、奇四营，额设及新改之大船、沙船、捕匪船、燕尾稍等船七十余只，遇修舱之期，均归厂办理。

这么看，这座兵工厂是苏松太兵备道为苏松提镇下辖的两标（三营，相当于团）水师，及外海各营的水师造船修船的工厂；军工厂内负责打造与修理战斗及巡航船只。这座工厂原址在浏河，十八世纪末浏河渐淤塞，遂于嘉庆六年（1801）移于"县之头坝"，是为军工厂历史上第一次搬迁。此处厂址，迅速成为上海城乡间重要的地标。嘉庆县志载上海县城乡保属松江府"二十五保"，县城内外相近区域大致沿着自西北向东南、自城外向城内被划分编号为十六个"图"，一图、二图分别在老闸南北，三图即军工厂，此后分别晏公庙、城隍庙、侯家浜、大小东门等处。顺便说一句，旧志中"十六图（大东门内）"应该就是上海人口中"十六铺"地区及码头的最早出处，比太平天国时划"铺"时代要早得多。

再来看旧志中的"十六图"顺序，一图、二图中的上海"老闸"，位于今苏州河上福建路桥处，四图的"晏公庙"、五图"城隍庙"已为西城与内城范围，三图的"军工厂"，当即为老闸以东、城厢以北的区域，不过这依然不是其最确切的位置。不过加上我们已知《阅世篇》中提到的信息位于北门外、靠近吴淞江即今日之苏州河，庄园与船厂皆紧贴着水道，船厂正好位于"县之头坝"等信息，接下来就需要去找老地图上碰碰运气了。显而易见，这个位置在当时就已非常重要，在晚清以来老地图中已经显要标记出。翻1884年出版的《上海县城乡租界全图》便找到了"头坝"一处。

图9中的"头摆渡桥"位置即今苏州河上的四川路桥，而乍浦路与吴淞路间还有条小路就叫"老头坝街"。推测这段自头摆渡桥至老头坝街附近区域，

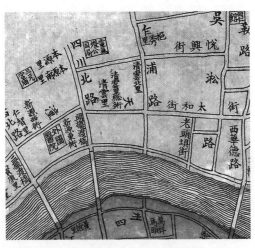

图9　1884年出版的《上海县城乡租界全图》局部

应该就是地理位置上"头坝"的范围。不过值得注意的是，这幅图犯了个不小的错误，把"外国医院"放错了位置，因为头坝的区域最终给的就是这家"外国医院"。

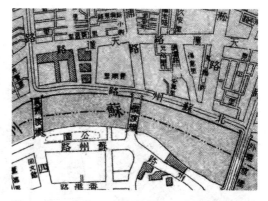

图 10 1913 年出版的《商务实测上海城厢租借图》局部

1913 年商务印书馆出版的《实测上海城厢租借图》中，不仅把错误改了，比例尺已接近现代地图：从图 10 中可以清楚看到夹在乍浦路与吴淞路间的那条小路的走向，这时的名字也改叫"头坝路"。1947 年出版的著名的《老上海百业指南》中虽然未署路名，依然能找到这条小路；大约是解放以后这条小路才完成了它的使命。

从日后沧海桑田的变迁与路名基址的更替，我们依稀找到了徐光启父子当年经营的私人别业的位置，那座明末城北"桃园"，原来就在苏州河北这片黄金地带。

不过，叶梦珠《阅世编》中有一句"地近吴淞"，今人读来或许有些迷惑，明明在虹口境内的桃园怎么会靠近宝山？其实那是古今上海城市发展空间的感官差所导致。明末苏州河以北为一望无际的农田，极少数乡镇集中在几个重要的港口如虹口港、引翔港等处，空间感上空旷的苏州河北与入海口吴淞镇已相去不远。更重要的一点，苏州河头坝附近，曾经应该是上海县城赴吴淞官道的重要始发地点，这一带当有通途能直达吴淞；可参考清光绪二年（1876）第一次修成的吴淞铁路及之后更为著名的"淞沪铁路"，最初的始发站"上海（闸北）站"就在头坝之西、今河南路桥边原天妃宫之地，自此一路北行而抵达吴淞。那么，叶梦珠所谓桃园"地近吴淞"一语则大有价值，可以看出当年徐氏父子选择园址时独到的眼光。

话说那座迁至桃园的军工厂，其实也没在这块风水宝地待太

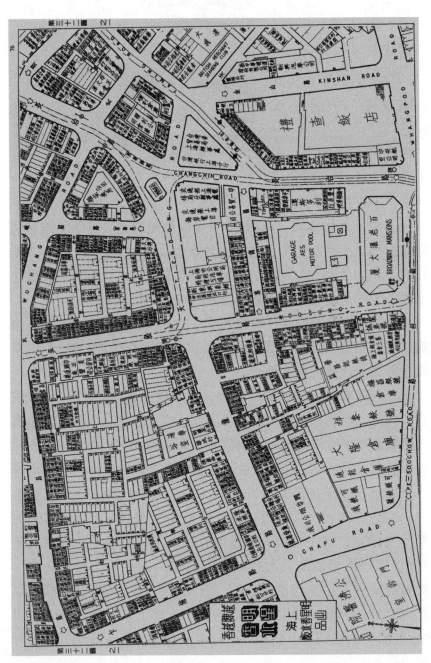

图 11 《老上海百业指南》局部

久，这片地皮就"为西人租去"。开埠后的上海，苏州河下游北岸被划归公共租界管理开发，军工厂自然被迫迁走。尽管县志没有交代太多，但从地图及更为常见的史料中我们知道，这里不久又迎来了一位载入史册的主人、中国最早的近代化医院之一：公济医院（The Shanghai General Hospital）入主头坝。公济医院位于苏州河北岸，四川北路与乍浦路之间，原头坝的区域，医院南侧苏州河上有著名的"头坝渡"，在许多当时的记载中频繁出现，如《环沪漫记》的作者威廉·葛骆（William Kahler）就常常由此上船，周游上海周边。[2]

公济医院先由法国人于同治三年（1864）在今四川南路圣若瑟天主堂东侧创建，光绪三年（1877）才搬来头坝这里。县志中所言同治初年被租去，是军工厂迁出时间，而到了光绪初年，医院才得以全面迁入。在中间这段时间，仅知此地曾有过一个"恩迪科特花园"（Endicott's Garden），但目前尚不了解这座花园其他信息。这里一开始是作为外侨医院存在，医护人员与病患皆为外籍。后仁爱会的修女们在公济医院旁专门创办了一家为中国人看病的"仁爱会医院"，"仁爱会医院"迁走后，公济医院开始收治中国患者。[3]抗战时期这里被日寇强占，解放后公济医院变为上海市第一人民医院。第一人民医院迁今址后，此地今为苏宁宝丽嘉酒店，东北侧还保留有公济医院旧楼。

漫步在今天北苏州路、乍浦路至四川北路桥间的苏州河边，看到的已是满目的现代化建筑，时而夹杂着零星民国老建筑，谁曾会想到晚明时这里曾是百亩的桃园、内阁次辅的城北别业；可见，历史其实离我们并不遥远。

余论：军工厂身后

再说那座在同治初年被迁出的兵工厂。离开苏州河北岸桃园旧址的军工厂，又搬到了另一处日后大为出名的地方。检《同治上海县志》中记载军工厂的志文，比《嘉庆志》增加了一段：

同治初，厂基为西人租去，署巡道黄芳买二十三保分十九图敬业书院新涨沙洲，改为民产之田三百五十七亩有奇，作军工厂基，立界石为识。

这一次，他们来到了上海县北郊二十三保分十九图、引翔港东侧的原"敬业书院"新涨沙洲。这里的"引翔港"，清代时属上海县引翔镇，治所在今杨浦区。"敬业书院"是上海的著名书院，最初的院址同样与徐光启、潘国光有关系，县志中最先出现敬业书院记载的是《嘉庆上海县志》：

> 敬业书院，初名申江书院，在县署北，明潘恩宅后，为西域人寓所。国朝康熙间，入籍官产。乾隆十三年，按察使翁藻、知县王侹改建书院。三十年，巡道李永书移建大门，修讲堂，题为"诚正堂"。后有春风楼，供朱子位。其前有观星台。

敬业书院最初的校址，就是意大利传教士"西域人"潘国光与徐光启孙女合力所建的县城东北"敬一堂"；到了雍正年间遭到禁教，天主堂曾被迫改为关帝庙，乾隆年间改书院，后即为著名的敬业书院。直到鸦片战争爆发、上海开埠后敬一堂才归还天主教会，见《同治县志》载：

> 咸丰十一年，因西人请还天主堂即旧关帝庙，详"祠祀"。并及敬业书院。同治元年，巡道吴煦迁建于县东旧学宫基，仍名敬业。

敬业书院曾被两江总督吴煦迁去了"县东旧学宫基"，后演变为今天的敬业中学。但梳理敬业书院校址仅在相当于敬一堂至孔庙学宫的县城内范围搬迁过一次，并未搬到过遥远的黄浦江岸边，那这片沙洲与敬业书院究竟有何关系？

原来，太平天国后上海受到破坏，书院建筑倒塌，战后欲重新开课，苦于建设与教学经费困难，终得著名地方官、时任上海县知县的刘郇膏出力，于咸丰九年（1859）将江边沙洲折价售与书院，出租沙洲以充办学基金，相当于上海地方政府给敬业书院找来一笔收入。事见《同治志》载敬业书院事迹后附"价买官房收租充费"条：

> 此系咸丰九年新涨沙洲，准民承买。案内丈见二十三保分十九图书院老荡，九十一亩五厘二毫新涨不等、田滩三百五十七亩零。知县刘郇膏谕董曹树珊等，筹缴地价公费银两，买归书院，经董贾履上，赴乡复核，除老荡上田六十四亩一分九厘一毫、次田二十六亩八分六厘一毫，依谕认佃外，其新涨上田一百九十一亩一分八厘三毫、次田四十五亩九分七厘三毫、芦荡三十亩五分九厘九毫、草滩一百十三亩四厘七毫，分别召佃去。后佃户畏累迁延，至同治三年，各户自愿凑缴规银四千两，作为民产。适有旧学宫基借地造屋之庄瑞栋、姚盈芳，将所造楼平房，又旧学东公地由学收租之房六户，悉数估偿购归书院，约计本银四千两，以租抵息，按月一分。经董禀县详准升臬司兼署藩司刘批准立案，常年董事经理收支各项，已见前案。

这块黄浦江边新涨的沙洲，在给到书院账上后，田产作"上田、次田、芦荡、草滩"等多种类型进行出租，直到同治三年这些田地由租户凑足四千两资金，从书院的名下购为民产。没过多久，桃园旧址的军工厂便又买下了这块地，整体迁来。当然这时我们仍不易查知这块沙洲具体在何处，还要等到这里的下一位主人现身。

这家旧式沙船工厂并没在此开设很久，便消失在近代史的长河之中；很可能这家在上海史上曾留下笔墨的、但只能修造老式沙船的工厂，在产业更新的二十世纪初，遭到了自然淘汰。同治年间，李鸿章等所办江南制造总局在上海落成后，现代造船业开始入主上海，原来旧式沙船工业受到冲击；不仅"桃园"船址在同治初年不保，黄浦江边沙洲的产业最终也没守住，厂址同样卖给了来自西洋的买主。二十世纪初，美国浸信会传教士来沪办学，取了这块地。《民国上海县续志》（1918）载：

> 浸会大学堂，在杨树东北军工厂。宣统元年（1909）美国教士万应远（Robert Thomas Bryan，1855—1936）、柏高德（John Thomas Proctor，1869—1927）等创办。

这里取而代之的是上海近代教育史上的重要角色、一所全新的美式学堂，在日后造就了上海城北著名的现代高等学校：沪江大学（University of Shanghai）；解放后，这里成为上海理工大学。据沪江大学校史，美国浸信会同仁于庚子年（1900）开始筹划办学事宜，虽然受困于当时国内局势，但教会人士"惨淡经营，不遗余力"，终于在九年后的 1909 年，募得十二万元，购地 160 亩，就是军工厂这片黄浦江边的土地。

以上因论徐光启桃园变迁，顺便论其继任者之因缘。桃园主人，不论是最初者还是继任者，都拥有不凡的经历。尤其再迁之所

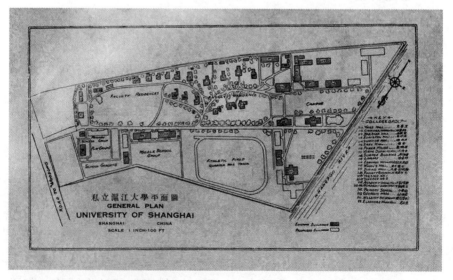

图 12　沪江大学平面图。收入《私立沪江大学一览》，1936 年出版。

日后成为一所延续至今的高等院校，其间沿革传承，颇可为地方史研究重视。

注

[1] 陈寅恪先生《柳如是别传》载："寅恪案：马进宝之由金华总兵迁苏松常镇提督，在顺治十三年丙申何月，虽不能确知，但以牧斋至松江时日推之，当是距离九月不远。有学集诗注柒高会堂诗集有'丙申重九海上作'一题，似马氏必于九月以前已抵新任。又同卷'高会堂酒阑杂咏'序末云'岁在丙申阳月十有一日蒙叟钱谦益书于青浦舟中'，则牧斋留滞松江，实逾一月之久，其间策划布置，甚费时日，可以想见也。"即考证钱谦益公关马逢知本事。《柳如是别传》第 1128 页，生活·读书·新知三联书店 2011 版。

[2] 可参《上海地方志外文文献丛书》所收《环沪漫记》，（英）威廉·R. 葛骆著，叶舟译，生活·读书·新知三联书店 2018 版。

[3] 公济医院沿革参上引《方志上海微故事》第 116—117 页。

上海的"罗神庙"

明清时的上海，有位专门掌管医疗的本地神明"罗神"。今天它的庙宇都已不存，名声也淹没很久。不过它曾经与包括徐光启在内的上海多位本地名人产生过联系，在本土信仰中也曾占有重要的一席之地，值得今天重新关注。其中，最先引出"罗神"的上海士绅，就是嘉靖年间的进士冯恩（约1496—1576）。

冯恩是南直隶华亭县（今上海松江区）人，嘉靖五年进士，他有个著名的文人儿子冯时可，是大文豪王世贞的好朋友。《明史》卷二〇九有《冯恩传》：

> 冯恩，字子仁，松江华亭人。幼孤，家贫，母吴氏亲督教之。比长，知力学。除夜无米且雨，室尽湿，恩读书床上自若。登嘉靖五年进士，除行人。出劳两广总督王守仁，遂执贽为弟子。擢南京御史。故事，御史有所执讯，不具狱以移刑部，刑部狱具，不复牒报。恩请尚书仍报御史。诸曹郎谨，谓御史属吏我。恩曰："非敢然也。欲知事本末，得相检核耳。"尚书无以难。已，巡视上江。指挥张绅杀人，立置之辟。大计朝觐吏，南台例先纠。都御史汪鋐擅权，请如北台，既毕事，始许论列。恩与给事中林士元等疏争之，得如故。

年轻时的冯恩曾被王阳明收为入室弟子，后升为监察御史，屡屡纠察不公，并与上司汪鋐（1466—1536）杠了一辈子。嘉靖十一年冬天现彗星，世宗诏求直言，结果冯御史把心里的大实话都抖了出来，竟大胆弹劾内阁大学士张孚敬、方献夫与右都御史汪鋐，被皇帝下了死罪。在各方营救下，尤其是"前七子"之一的王廷相任都御史后，在皇帝面前大打感情牌，搬出冯恩八十老母与请代父死的十四岁儿子，所谓"情重律轻"，替他开脱成功，改流放雷州。因为此案一波三折以及冯御史的刚正不阿，京师人人都知道了这位铁骨铮铮的言官，冯恩也被当时京中人称为"四铁御史"：口、膝、胆、骨都是铁。这位气场强大的流放御史来到雷州，一待就是六年，并在这里，留下了一个有趣的传说。

清乾隆年间，山东福山王氏门中有位王椷，写过一本仿聊斋体的笔记小说《秋灯丛话》，里面记载一则冯恩在雷州经历的奇遇。书中"冯侍御忠义感人"条载，冯恩到了戍所，就有六个"黑而伟者"登舟求见，冯恩觉得是强盗，但想想自己孑然一身，分文无有，见见也无妨。那六人却说自己确实曾经为盗"素行不义"，但承蒙神明关照，将有一位忠诚过此，求他收录才可消除罪孽。六人刚刚宰羊盟誓，冯恩就到了。冯恩当然不答应，找了各种理由，结果六人说明公若不信他们，他们"愿死以明志，阴魂侍公左右"，话音刚落，六人俱投水死。冯恩为之动容，把他们葬在郊外。后来冯恩眼睛得了疾病盲了，六人托梦而来，与冯恩说，明公赐还有日，但变盲人了难以跋涉山水。言罢六人一起帮冯恩按摩眼睛，第二天醒过来，冯恩就复明了，果然很快就赦免还家。这则故事可能承袭了《西游记》中观音收服猪八戒与沙和尚，并告诉他们等取经人来再拜其为师的桥段。只不过冯恩没有机会做唐僧收徒弟，只留了六人阴魂保佑自己。

历史上回乡的冯恩一直赋闲在家，府县志中多次提到冯公为家乡修桥铺路的事迹。一直到隆庆改元后，冯恩重新被征召，那时他已经是七十岁的老人了。而在王椷的故事里，冯恩起复做了大理寺丞，"上疏备陈六人状"，最后一起得了"明目侯"的封号，明目侯庙就建在冯恩于松江府城的宅第之前。但初建时墙宇屡建屡毁，工匠梦到六人托梦来说，我辈如何敢跟冯公住得这么近，把庙修远一点才能答应，那样才把庙修成。庙东面还塑了一只羊。那时候患眼疾的人都来庙里，"以巾拂羊背拭目"（拿擦过羊背的手帕擦眼睛），效果很灵。"明目侯庙"被乡间俗称"罗神庙"，因为松江吴语"六"和"罗"相混，所以民众可能称呼的应该是"六神庙"。

王械这则故事的来源，据说是冯恩后代冯广忠，从今天与府县志的记载对照来看，应该接近实录。

《秋灯丛话》里记载六人托梦说庙宅不敢与冯宅同列，要搬得远一点才安心，从旧志中看，冯御史所建庙就在冯家旧居东侧相去不远，且庙名在松江府志与华亭县志里统称"罗神庙"；"明目侯庙"反倒在晚出的上海县志里存在过。六人报恩治目疾的故事，也大致在历代旧志中得到保留，只是"六人"变成了"五人"，那"罗"字也无法坐实出处了。"五人制"的罗神，又是邪神的出身，很容易让人想到流行江南的"五通"神，不过"五通"更为让人熟知的是它的"淫"与求财，这位只能治病的罗神最多也就是"减配版"的"五通"吧。

松江府治华亭县中心的这座冯宅，名为"忠训堂"，前后两进，房屋宽敞，宅内还有不少亭榭竹石之胜，还有栋三层十几丈的阁楼，堪与冯公老朋友、内阁首辅徐阶城内的新居争雄；徐阶还为老友的宅第写了一篇长文。后来，忠训堂卖给了崇祯朝大学士钱龙锡，入清后这里又变为前营游击署。冯宅与罗神庙一带，在明清松江府城属于黄金地段，坐落在府治华亭县中轴线上的会星桥南侧，罗神庙东对着府城东门大街，清代庙西侧先改前营游击署；雍正年间松江府下析置金山县，又在这里设了一个"训导署"负责金山事务，不过那个衙门在太平天国运动后被毁，地产一半都给了罗神庙，罗神庙终于与冯恩宅地合二为一了。府城里这座罗神庙之后的命运不易得知，不过在五、六十年代应该改作他用了。

除了府城里冯恩所建罗神庙，松江府下辖的上海县也有三处罗神庙。一座在上海县城西门外，明万历四十一年（1613）建。本来是本地"陆氏坟祠"，据推测是由陆家捐地而有罗神庙，庙建成后，曾任浙江布政使的姚永济为庙写过记文，但文字似乎没有保存下来。清雍正、乾隆年间屡次修复，最后一次是由陆氏裔孙、著名医家陆敬铭与僧慧诠一起重建的。上海西门外在近代经历多次辖区划分，这座庙宇原址可能不易查询了。

另一座叫作"罗神殿"，在上海县城城隍庙西侧。它的建造人王侹，曾在乾隆年间任上海县令，也曾参与西门外那座罗神庙的修建。这位来自山东单县的生员保举县令，非常热衷于修建祠庙，县志里关于他的修庙题记的记载非常多。这处城隍庙边的神庙在晚清也改变了自己的用途，同治十三年（1874）无锡县人余治，偕本地乡绅在殿内共同创设"保婴总局"，六年后（光绪六年，1880）又在总局前公地两旁建造楼房，并添设养正书塾，不过很快关了门。今天已经融入整个豫园商城之中了。

第三座罗神庙是上海县城南"九间楼"边的"罗老太庙"。有大学者俞樾参与修撰的《同治上海县志》，是难得详细介绍这座寺院的旧志，姑不避繁琐，录原文：

> 罗老太庙，在兴隆桥东，一名兴隆庵，徐文定光启宅旁舍，相传万历间，患目疾者祷辄应。国朝道光六年，里人募捐屡修。同治初，徐氏裔文瀛就殿后余地重建。陈秋涛等捐。案：罗神之祀，松郡最甚。据府志云，嘉靖间御史冯恩谪戍雷阳时，有罗氏兄弟五人肆横乡曲。忽一日，各自经。及恩归，患目，梦神入梦而痊，因建庙祀之。又据王椷《秋灯丛话》作六人，以为"罗"系音之讹，从恩至雷，俱投水死，与府志小异，惟"老太"相传为恩云。

从"明目侯"至"罗神"已经让人非常不解，这位罗神在此变成了"罗老太"，并非是改变性别，而是江南地方对神明称呼"老太""太太"之语，实际是"老爷"之意，此处正是"罗老爷"之庙的意思。县志文临末言这里供奉的"老爷"可能就是冯恩本人，但今已难确认。这座罗老太庙的位置在县城中心河与薛家浜交界处"兴隆桥"东面，今徐光启"九间楼"西南，从存世地图来看，庙门应该南向面顾家弄。不过县志中所言"徐文定光启宅旁舍"，恐非实录。

罗老太庙修建的时间不易确定，县志里"相传万历间，患目疾者祷辄应"的记载可能因循《秋灯丛话》的传说。晚至道光年间（1826），罗老太庙经过多次修缮，可能在太平天国运动前后被毁

图 13 《上海百业地图》中的"罗老太庙"

过。到了同治初年，徐光启的后人徐文瀛（《民国上海县志》里还有一位徐氏后人叫"徐士荣"，字志瀛，曾任大善堂同仁辅元堂董事，那"徐文瀛"应该也是以字行。顺便说句，徐士荣的女儿倪徐氏，是"民国丈母娘"倪桂珍的母亲，宋氏三姐妹都是徐士荣的曾外孙女）倡议在旧殿原址后空地，重建罗老太庙平屋三开间两进。那次重建最大的护法，是一对本地姻亲陈秋涛、陆秋园，而当时徐文瀛正是上海县二十铺段董，据《民国上海县志》载是"朦报自建"，略有些先斩后奏的意味。入了民国，这里又进行了一次大修（民国九年，1920），名字也曾改"明目侯庙"，那反倒是笔记小说里的正名，在府县志中第一次出现。这次的出资人是同治年间修庙的陈秋涛侄孙陆鸿贵，由族弟陆鸿棠承造，再经陈秋涛之子、陆秋园之本生子陈德基，呈市公所总董陆文麓，转呈上海县公署备案。仅从县志材料来看，起码上海县的罗神庙系统，好像都跟本地的陆氏家族关系不浅。时至抗战胜利后的《上海百业地图》中，尚能找到这座小庙的位置，只是规模已然很小。今天此地已成民居。

上海境内还有两座影响不大的罗神庙，一在青浦北漕港滩，约在今朱家角漕港河附近，旧志中别无他言。另一座位于川沙县城内西首，西市街四明桥北，关于这里的沿革旧志记载也不多，只能知道同光年间在庙里建了个鲁班庙，光绪初年庙里出现了一条大蛇。不过似乎这座庙保留到很晚，现在还是有机会恢复的。

上海县城楼上的四位守护神

明嘉靖年间倭寇侵扰东南，作为吴淞江南岸的滨海大县，上海县首当其冲。在军民受难、生灵涂炭的关头，上海县与松江府决定筑城自保，仅用月余时间，于嘉靖三十二年（1553）九月筑成上海县城。城墙周长九里，高二丈四尺（约为8米）；初建时有大小城门六座，东为朝宗门，南为跨龙门，西为仪凤门，北为晏海门，城东北角有小东门为宝带门，东南角有小南门为朝阳门。其中有三座水门，分别是跨肇嘉浜的东、西二门，及东北角跨方浜的小东门。几年后第二次加固，在城楼的高台上建了三座楼：万军楼、制胜楼和镇（多作"振"）武楼。这三座楼外，历代在城楼上又多次修过敌楼、箭台等建筑，在后来上海遇到的历次战争中，或多或少发挥了冷兵器意义上的作用。包括一众高台敌楼在内，只有一座位于西门北侧的敌台，还保存到了今天。这座万历年间始建的北城箭台名为"大境"，后来以供关帝闻名。

清末，大境与最早建的万军、制胜、振武三座楼台一起共同组成日后的城楼四大庙：即大境的关帝殿，振武楼改真武台、供真武大帝，制胜楼建观音阁，万军楼改丹凤楼，这四处合称为城墙上的"殿台楼阁"；这里也成为上海的名胜，四季之中游人不绝。其中两处景观入选"沪城八景"：丹凤楼被称为"凤楼远眺"，大境则是"胜景烟霞"。"殿台楼阁"中的四位神祇：关帝、真武、观音和妈祖，从走上城楼到陆续离开，见证了上海县城墙五百年的沧桑与喧嚣。今天提起它们来可能已经很陌生，但它们确实是曾经上海最重要的守护神；四位神祇的庙宇共同组成的上海城墙之上独特的神圣空间。

一、大境与关帝

四者之中，大境与关帝殿出现最晚，但保留至今，名为"大境阁"，上海道教协会的白云观就设在其中。因为关帝庙的保留，这里的一小段城墙也保留了下来，是明清上海县城墙中，唯一保留的一部分了。大境的位置今天找起来非常方便，大约距老西门北一里地的样子；在还没有建城墙的明前期，这一带大约也有不少墓葬，有位天顺年间的上海进士名贤、做到过建宁知府的刘玒，就葬在大境的位置，近时尚有"刘坟弄"在此地，即为旧迹。大境下曾有水系通露香园内旧池，再往南通方浜。

大境建于明万历年间，但其中供奉关帝，应该是清代的事情了。大境上的关帝庙，是上海地区武庙的别庙，武庙的总庙就在豫园主人潘恩旧宅里面，清初捐给意大利传教士潘国光建了著名的教堂"敬一堂"，禁教后由敬一堂改为关帝庙。除了关帝的别庙外，大境上还有文昌的别庙，文昌的总庙自然就在文庙明伦堂中。

初建时这里应该只是座城墙上普通的箭台，崇祯、雍正、乾隆年间屡次修葺扩容，直到嘉庆二十年（1815），这里才建起三层"高楼"，脱离了普通箭台的地位。到了道光六年（1826），时任江苏巡抚、后来的两江总督陶澍，亲来城楼为大境题"旷观"二字额，这里正式与振武、制胜、万军三大台并列而四。十年后，又在大境东侧建石坊署，继任的两江总督陈銮在此题"大千胜境"四字额。城内的大境楼下，在清末建起一片里坊，名为"大千胜境坊"，是出自"沪城八景"的名字。此坊位置，即露香园至大境的城西北角，此地原为上海县小演武场，俗称"九亩地"。道光十七年，由本地官绅士商公建，坊柱有两副对联，一曰："仙境别开云一线，堂天此去阁三层。"二曰："千江有水千江月，万里无云万里天。"此坊在宣统二年（1910）三月重修，坊名也被直接改成了"大境"。

小刀会起义兵乱，大境第一次被毁后，关帝庙住持诸锦涛募建修复。不想太平军进攻上海时，道台邀洋枪队"常胜军"驻扎后又被毁。同治三年（1864）四月，两江总督李鸿章奏裁遣洋枪队，直到那年冬天，部队才将历年占住的学宫、城隍庙、豫园及大境、青莲庵等处陆续让还，昔日胜境不复旧观了。直到乱平后的同治四年，洋药捐局有位叫郭学玩的局董出资重修，才回复旧观；二十多年后那次修缮是本地最大的善堂"同仁辅元堂"出的资。二十世纪初，这里为了方便行人进出，在大境南处城墙开了一座小城门"小北门"：拱辰门，位置就在今天大境路人民路路口。不过这座城门与再南面的小西门"尚文门"一样特别短命，不到十年的时间，城门就随城墙一起被拆了。

在庙产兴学的岁月里，这座景致颇佳的大境大殿里办过一家叫"郁氏普二义务小学"的学校，宣统三年本地人郁怀智所办，后来大约在拆城的时候被搬走了。到了民国元年，上海拆城筑路，原有的大境箭台被毁，只有关帝庙的正殿保存了下来。人们对于民元拆上海城墙与六十多年前拆北京城墙的反应不一样，起码当时的士绅领袖如李平书等是支持且欣喜的（参尤乙《上海城墙拆除记》），认识到拆城有许多好处。《上海乡土志》就说拆城能"振兴市面"：老城厢市面所以不及租界，就是因为城门低小，运货诸多不便。除了城门，连诸如大境下面，都应该打通开道，兴筑马路，市面才能兴隆——说的就是"小北门"的拆除拓宽项目。

上海的风俗中，三月里要赏看桃花，除了城南的龙华、城北的徐光启桃园外，城内本有一处重要的赏桃圣地，就是著名的露香园，据说那里曾经出水蜜桃，但民国时候树种就没了。明代顾氏露香园废之后，这里又建有青莲庵，都是踏青赏春的好去处。清代的上海人怎么在城西赏花呢？一个选择就是登上大境，"蹑西城大境眺望"（《同治上海县志》），眺望东面种桃的园、寺之所。

二、振武台上的真武庙

振武台是上海建城的嘉靖三十七年时建造完工的城墙高台，位置大约就是上海城墙最北面、北段城墙的中心点；台下侯家浜的支流上，曾有座正对的"小环桥"。这段城墙原来可能建过一座"镇海楼"的建筑，所以旧志中都称振武台就是镇海楼；大约历经万历、康熙朝多次修整后，楼早就不存在了。

这里明代万历三十年时就为关公设像立殿，入清后也成为武庙的别庙之一，供奉过关公，与大境地位相仿。不过这里最出名的是供奉着真武大帝，除了与"振武台"的名称有关，也与其城墙正北最重要的地理位置有关。真武大帝是中国神话传说中的北方之神，后接替北方天帝颛顼成为镇守北方新的天帝。真武于明代道教信仰中地位最高，相比关公反而是晚明入清才拔为帝君的，明清重要城关上都会供奉真武大帝神祇；同时，正北方供养真武大帝，也是中国古代公共建筑的重要的标志。

太平天国战争爆发后，这里作为上海的防守重心，台上建筑不可避免被毁。上海道台吴煦就在这个箭台安置大炮守城，并在楼下开辟了"新北门"：障川门，即今丽水路人民路口；当时主要为洋枪队进出方便。据说之前小刀会起义，盘踞上海县城，法国人进攻县城用大炮在城墙上轰出了个洞，乱平后随即被堵上。太平天国大军抵沪的时候，城内的守军希望利用这个口子得到洋枪队与后勤物资的补给，这座新门就算开起来了。战争结束的同治五年，继任的道台应宝时，又给新北门添筑月城、敌楼、吊桥等城门建筑。

大概是因为真武大帝灵验的法力，一些独特的场合大家都要有请于他的。真武因主北方，所谓"北方黑帝，体为玄武"，而传统五行说之中水主黑，所以需要水的情况下，大家都会想到真武。光绪五年（1879）八月，障川门内失火，影响甚大，本地士绅们提议请真武大帝出来，在振武台下空地"凿井七口，上应列星，以厌火患"，就有了一处当时的名胜"七星井"。七星井周围又筑上墙，井上加护石槛，再于井的东北角建造一座亭子，专门供奉井泉之神——仿佛《西游记》中"乌鸡国"井中龙王之类的角色。

太平天国与小刀会起义时被毁的振武台真武庙，一直到战争结束才由僧本心募捐，重建正楼。晚清庙产兴学时振武台里办了所"北城瀹智小学堂"，到了拆城的时候，这座振武台随城墙一起被拆，学校也停办了。但真武庙的僧众似乎得到了补偿，辗转在南城暂时落了脚，在1947年的上海地图中，可以清晰地看到南城太卿坊街以西一座小真武殿，这里历代皆无祀真武的记载，不出意外就

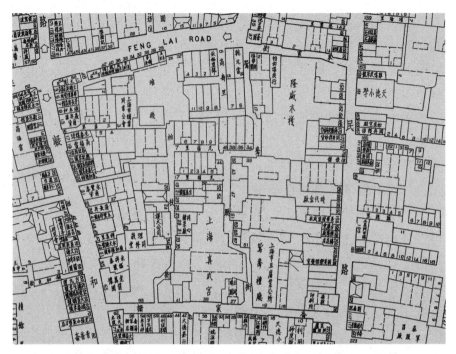

图14 真武宫位置。南邻乔家栅，东为阜民路（今光启南路），西为凝和路。

是城楼上那座真武殿搬家的结果。解放后这座小殿也完成了历史使命，被改建为民居。

三、观音阁与丹凤楼

上海城墙上三座最老的明代高台中，最中间的那座就是制胜台，明嘉靖筑城时建，乾隆二十七年重建，后增修多次，太平军进攻上海时被毁。这座台上有间观音阁，还曾祀过天妃娘娘，不过比起另外三座高台，这里似乎是唯一没有安放过真武、关帝这两尊男性战神的地方。制胜台上的观音阁，与楼下不远处的另一座观音阁、或称"大士庵"的寺院，也有密切联系。

观音阁楼下就是城东北角杨家弄、安仁里一带，这里原本是豫园主人潘恩故宅附近，潘恩父子不仅在此建有豫园，还在安仁桥上建有一处观音阁，供奉观音大士，这座地面上的观音阁本与豫园相通，清代豫园荒废后，这座观音阁似乎也无人问津，一直到嘉庆年间才重修起来。太平天国后，本地商团修复豫园点春堂时，顺便又将堂东的观音阁修葺一新，潘家后人潘铺致，在阁前书"志古"二字颜之。大约是复建楼下这座观音阁前后的嘉庆年间，士绅们把观音大士顺便请上了制胜台，所以这座高台上的寺庙，是四台中最晚定型的。楼上的观音阁经过了小刀会、太平军的战火，最终与城墙一起被拆，下落似乎也不甚清楚，楼下那个观音阁在民国后也找不到踪迹了。

制胜台东向不出百米就是万军台，这里在明嘉靖年修成之后，很快建起了高楼，供入一位东南重要神祇——天妃娘娘。

早在北宋年代，上海江海之滨，就建有供奉闽南天妃娘娘的神庙：顺济庙。据旧志载有宋咸淳八年市舶司陈珩的书楼匾，元代赵孟頫书门匾、庙碑，都是名家之手。杨维桢为这里写下过一首名诗：

> 十二湘帘百尺梯，飞飞丹凤与云齐。
> 天垂紫盖东皇近，地接银河北斗低。
> 笑屠秋空戎马阵，神灯夜烛海鸡啼。
> 嫦娥昨报瑶池宴，笑指蓬莱西又西。

这首专门为丹凤楼所写的七律似乎没有被收到杨铁崖的集子里，但他不仅完好保留在历代上海县志中，还被当时人刻于碑版，留在了顺济庙中。据说这座古顺济庙非常灵验，到了元末，那块陈珩的宋额忽堕地，庙里的道士把匾额放入水中洗净，不想天亮这座顺济庙的楼就塌了，人们都觉得"匾若有神护"：这块匾了不得，连带着这里的神明也显灵了。古庙倒了之后人们新建了楼，把神祇请了进来，楼名就是丹凤楼，位置大约就是今天东门外十六铺附近，那时也没城墙，无所谓城内外，就知道江边的位置，有座丹凤楼，里面不仅供着天妃，而且景色不错，爱观潮的游人都要登楼相望。据说江上大潮自北向南、应该是长江的潮水倒灌入吴淞江后来到黄浦江，奔腾至十六铺附近。县志中载，汹涌的潮头竟然"至庙门而伏，过则复起"，明显在向天妃娘娘致意，观者更是无不五体投地。这座丹凤楼于正德十年毁，之后一直没有机会修复。直到上海建城墙的嘉靖年间。

在上海建城后，有一位叫秦嘉楫的本地士大夫，在万军台上复建了座丹凤楼，把江边的天妃请上了城楼。据说元代掉落的顺济庙宋匾额，入明后收藏在上海士大夫陆深手里，秦嘉楫新修丹凤楼后，也把宋匾拿来，挂上了新楼，赵子昂书的碑版也在，县志里讲"今庙宇草创，碑扁犹存"，也是有些神通的。秦嘉楫还写了篇得意的《改建丹凤楼记》，指出"楼以祠女鬖"，供养了位重要的女性神祇。甚至，秦公可能特别满意自己构楼迎神的成就，连他的别集都起名为《凤楼集》。

大约与其城防要处的地位有关，丹凤楼上也有过武庙的别庙，供奉关帝。明清易代时这里驻扎过水师营兵，丹凤楼不可避免地日就倾圮了。但是，丹凤楼可能是四座楼台中，最受本地人欢迎的一座；清代的顺、康、乾、嘉年间这里屡次重修，丹凤楼也增设成三层楼，顶层供着"奎宿"，下层供天妃娘娘，中间层是供游人观赏风景的。"奎宿"就是奎木狼，《西游记》在宝象国作乱的黄袍怪就是他；本是神话中的二十八宿之一，西方白虎七宿之首，寓吉祥义，所以被供在高楼之上。嘉庆年间还在凤楼下增建"桐荫楼""绛雪堂""隐商楼"等建筑，文人墨客最喜欢流连于此。

当然普通市民更喜欢丹凤楼，这里一带仿佛三百年前的"外滩""人民广场"，每逢节假日上海及周边的市民就云集至此，踏青游逛。在清代，丹凤楼上视野极佳，往西南可以望过城池看到西郊松江九峰、佘山，往东可以望黄浦江，北能见苏州河；据说视力好的可以依稀看到东南七十里外的东海"若方壶员峤，楼台造云，仙灵所栖，光景离合"——只不过没几个人真看得清，只能凭想象了。

当然这里最热闹的时节要属天后诞辰，即每年三月二十三日那天，游人从四面八方汇集至此，一为求神，再则游春，这时正好也是桃红柳绿的时节。大约是预计人流量会很大，清代地方官

员在天妃诞那天把活动主会场设在东门外，远离丹凤楼，找片空
地搭灯棚，悬彩灯，要到五天后的二十八日，灯会才移进城中。
这期间游人日夜前来，前后要十天半个月才结束。天妃诞的节日
在地方上也俗称"城隍夫人诞"，大约是本地人把本地最尊重的男
女神凑了一对。丹凤楼再迎来旅游旺季是在端午节。上海的端午
节节俗与大部分地区一样，除了饮雄黄、佩菖蒲等必备外，龙舟
赛也是本地的特色，上海水网发达，竞赛也就格外热闹。清代以
来上海端午的龙舟赛大约都是在黄浦江上举行的，其中丹凤楼就
是观龙舟最好的看台。清人赛艇的图像记录不易寻找，今天黄浦
江上也不再有"赛跑艇"这样的游戏，江边也不再有丹凤楼，不
过我们依然可以从民国时期的照片，大致想象一下清人赛龙舟的
情景。（以下图15—21，均为美国《LIFE》周刊1948年刊登的上
海黄浦江上龙舟赛的照片。）

图 15

图 16

图 17

图 18

图 19

图 20

图 21

上海城墙东北侧的观音阁与丹凤楼，都在二十世纪初得到过一定修复，又同在拆城的民国元年被毁，这两座近邻的名楼，往后的遭遇也如出一辙。大境与振武台在拆城之前，便在城下开出城门"小北门""新北门"，门下的大路大境路与新北门大街（今丽水路）依旧保留至今。但观音阁与丹凤楼下并无城门可开，大约在城墙上制胜、万军二台下，有两条街道，保留了两座楼台的名字：观音阁街与丹凤街。观音阁街短一些，位于福佑街（今福佑路）北，南通杨家弄。丹凤街在东侧，路也更长，往南直达四牌楼街。今天福佑路以北的城内区域建成了古城公园，原来的观音阁街已经不存在，福佑路南段的丹凤街还保留着原名"丹凤路"。

不过在城墙北面，还依稀留下了观音、丹凤二楼的遗迹。十九世纪中叶上海法租界建立后，租界当局曾以修建皇家游船码头为由，向南扩张到近县城东门的黄浦江沿岸修筑黄浦滩路（即今中山东二路）。十九世纪末的上海县城河道系统已经淤塞不畅，自方浜、肇嘉浜、护城河流传的河水时常会造成大量积水外溢，灌入地势较低的法租界黄浦滩路；为了解决这一问题，1874年法租界自上海县城东北角护城河起，开凿一条通往黄浦江的人工河道，以帮助水系泄洪。因为这条河是人工新开凿河流，因此被称作为"新开河"，而新开河的起点护城河东北角的墙上，就是观音阁与丹凤楼。大约对西洋人来说，观音和天妃这两位女神的区别并不是很大，甚至所有中国的神祇宫观都被译为"Jose House"，这条新开河便以起点上的寺庙命名，国人再根据英文转译时就将新开河也译作为"寺浜"；其实上海本就有条寺浜，位于县城西，为东西走向，大致为今北京西路位置。今天就不知道晚清民国人怎么区分这两条小河的。新寺浜两岸各有南北新开河路；黄浦江边跨越新开河的桥梁也被称为"新开河桥"，或者"寺浜桥""天妃宫桥"。拆城前的1908年新开河被填埋，河道与南北新开河路合并为今天的新开河路。

虬江之湾：关于江南的记忆[1]

楔子：

> 云之凡对导演说：我们这么多人当中，只有你一个人去过上海。我们已经尽量按照你所说的去想象了。这边是外滩公园了，那边是黄浦江……
>
> 导演：黄浦江？我看你们看的是淡水河！

这是台湾著名导演赖声川三十多年前的名作《暗恋桃花源》（1986）里的经典桥段：老导演为小演员表现不出老上海的味道而大为光火。同样是水，宝岛上"小清新"的淡水河与上海的黄浦江间的区别，显然不言而喻，这首先和水道流经的区域与人文环境有密切关系。

一、水　道

"江南"之地，虽然名为整个长江以南，但近世以来，狭义上指的是长江三角洲区域，此处元代属江浙等处行中书省，明代则分属南直隶与浙江，清代为江南、浙江二省所辖。这里水道纵横、河网密集。丰沛的水系都是哪里来的，却是可以推敲的。这些水既不来自天上，也不主要来自海上，甚至，还不全是长江的来水——江南的水，最重要的来源是太湖。尽管会有较真的人来问：太湖的水哪里来的？那太湖三面的山峦、长江甚至是海潮都是有贡献的，而且那都是经过了太湖的吸收吐纳，才塑造了太湖流域的密集的水网，一张无边无际的水网，轻易把江南网在中央。据清代水利名家金友理《太湖备考》的研究，古太湖向东出水有三条重要的泄洪水道。正是这三条水道，加上长江的配合，裹挟着泥沙冲击出了今天的长三角区域。这三条太湖泄洪水道，从北至南分别是娄江、吴淞江和东江。东江在宋元以后逐渐淤塞；娄江主航道也远远不如千年前宽阔。清人记载，本地人在娄江河道里广种茭白，致使原本宽阔的娄江河道骤缩，看来"吃货"的力量自古就不能小觑。

三江之中，地处中段、且最重要的一条就是著名的吴淞江，今天依然贯穿苏松二府故地，不过它的古出海口已经被大陆吞没，本身也因为淤塞，变成一条仅百米宽的"苏州河"；替代它注入长江的，是一条之前默默无闻的"黄浦江"，入长江的河口还保留着"吴淞口"的旧称；今天恐怕没有人还会记得那条江面宽达、奔腾入海的吴淞江了。元明之后，吴淞江下游主航道已被切割成无数弯曲的河流，人们遂把这片杂乱的河网叫作"虬江"，此处称其"古虬江"。"虬"，《说文解字》中解为"龙子有角者"，大约就是一条"头上有犄角"的小龙，也可能是条小蛇。一说"虬江"与"旧江"吴语音同，指的是吴淞江旧航道，不过此说似乎抹杀了"虬"字的妙处，似为晚出或者附会。

晚近以后，一条"具体"的小河，继承了虬江的名字，为"新虬江"，位于苏州河以北不远，下游段即位于民国时期的江湾镇境内。其上游经真如、彭浦，由太阳庙入江湾镇界，注入芦泾浦（今更名俞泾浦，实属误用，详见《"天通庵"是个什么地方》篇）；芦泾东北向注入走马塘，终汇入黄浦江。民国初年江湾镇界最南处，达苏州河北岸，与公共租界隔江而望；这条虬江入江湾界处的"太阳庙"今不存，位置即为上海火车站（新客站）北广场太阳山路一带，向东行的航道，即今日上海人颇为熟悉的虬江路附近，民国时彻底填去筑路。这条"虬江"于虹口横浜桥至"1933 创意园"附近，注入芦泾，南入虹口港，北通走马塘。芦泾浦、走马塘今天依然潺潺如昔；"新虬江"已完成历史使命，原址只能去路名中凭吊了。

说道"古虬江"流域，在靠近吴淞口的地方，有一个著名的小市镇，因此处水网虬结龙蟠，便有了一个叫"小曲江"的名字。据记载，这里宋代时还有个有趣的名字叫"商量湾"，大约跟这里商业发达、擅长还价有关。不过此地最通行的名字，是因水而起，虬江之湾，所以叫做"江湾"，历千年而至今。

二、名　将

江湾，这座典型的江南市镇，最早在传世文献中亮相，是在南宋抗金时发生的黄天荡战役（宋建炎四年，1130）中，宋军主将韩世忠（1090—1151）曾驻军于此，并从此进军镇江，最终取得了一场南宋战史上著名的大胜仗。

驻扎在江南的韩将军兵分三路，前军置华亭通惠镇、也就是今天赫赫有名的青浦青龙镇，后军停吴淞江入海口；而中军大营，就在江湾镇。金军完颜宗弼取建康（今南京）后，沿着运河南下劫掠临安，吓得宋高宗仓皇出逃明州（今宁波）。而韩世忠的水军自江湾，悄悄入吴淞江，西进大运河，在镇江附近设伏，断金军北归之路，取得彪炳史册的黄天荡大捷。苏松本地方志中都非常热衷于书写这里的韩将军遗迹，多少体现出明清以来对宋军少有的军事胜利的想象与迷恋。

韩世忠殒后，宋孝宗赵昚（1127—1194）追封韩世忠为"蕲王"入祀供养。曾经驻扎过韩军中军大帐的江湾之地，从此产生出不少有关韩世忠的"想象"遗迹。比如，全镇重要的信仰空间、位于镇东的景德观边，建有韩蕲王庙；还有韩将军插军旗的"旗桩石"、列阵过的"阵势桥"、传递军鼓的"镇海楼"、曾驻节过的"参将署"、曾训练射箭的"箭墩"。小吉浦边的"草鞋墩"，相传也是韩蕲王的士兵扔鞋而成。本地人还常常挖到一种"古瓶"，瓶形细长，陶质甚粗，也被视为蕲王的士兵盛酒的酒具，据说拿来种花竟然还颇能开花结果。这其中，韩蕲王给本地留下最著名的文化遗产，依然与水有关。

相传韩公中军驻扎于此，曾长期行走于镇中的河道两旁；江湾镇的最中心的河道，便被约定俗成起了一个响亮的名字"走马塘"。这条东西方向的河港，源自嘉定的吴淞江故道封家浜，也是条太湖泄洪的支流，从嘉定南翔经宝山大场入江湾；它只有流经江湾主镇区域，才用这个纪念韩公的名字。这条河传说是五代吴越国钱镠所凿，所以曾被称为"钱家浜"；走马塘上游大场段河道，曾被称为"钱溪"，而东出江湾界来到殷行镇，亦曾被称作"钱家浜"，都与吴越钱氏的传说有关。江湾浓厚的蕲王崇拜文化，使得这条小河保留下这个不失刚猛的威名。

正因为这里水道交通的便捷，尤其江海之间通畅无阻，江湾在近世史上也屡遭劫难。明嘉靖年间武装走私的秦璠、王艮曾侵江湾，不久之后的倭寇入侵，使得江湾全镇尽毁。明清之际，鲁王政权的名将定西侯张名振（？—1654），曾于顺治十一年（1654）二月初八进攻到江湾，民国重修《江湾里志》说"海盗张名振劫钱家浜营"，其语殊为悲凉。是年，张名振向郑成功借来水军百艘战舰，希图直取南京。张名振虽曾抵达江湾并与清军交锋，但他没走五百年前的韩世忠行军的那条内陆航道，而是再出长江，直抵镇江城外，于金山登陆。但因各种掣肘，攻击南京的任务还没有完成，便无奈撤兵了。张名振一行来到镇江后，登临金山寺，遥拜明孝陵，留下了一首著名的《登金山遥祭孝陵》诗，就撤回了浙东，并很快去世，英雄壮志终难酬。

三、信　仰

十余里长的走马塘边，分布着江湾本地重要的信仰空间。本地民风与江南各市镇相仿，据说在孔圣人与文昌诞辰的日子，本地旧式知识分子都会躬谒行礼，以示庄重，大有古风。不过江湾本地最为人尊奉的神明是东岳大帝。每年农历三月二十八日为东岳圣诞日，"几于万人空巷，举国若狂"（《江湾里志》），甚至官方禁令也不能改变，足见其信仰基础坚固。而东岳帝君的行宫，就坐落在走马塘北岸。

因为《周易·说卦》中"帝出乎震"的说法，东岳行宫坐落在江湾镇东，西侧紧挨的便是韩蕲王庙；准确地说，此地本是一座千年的大道观，主祀东岳大帝，道观东侧建筑为大帝出巡的行宫。观名叫作景德观，宋靖康二年所建；观中还有座更古老的古龙神庙，时间可能再要早上百余年，推测很可能就是宋真宗景德年间就有。古时江湾滨海，民间多祭祀龙王祈求平安；道光年间做重修观记时，还能看到宋代诏封龙神庙的断碑与文字。东岳信仰自宋代以后便颇为流行，大约就是南宋以后，这座龙神庙开始向东岳庙转型。而近世以来的东岳信仰，既是一个朝廷化的信仰，又可视为一种都市化的信仰。江湾镇外的这座东岳庙绝非一般的乡间小庙，而是地区性的中心庙，可见近世江南地区城市化运动，也已深入乡镇（参见李天纲《金泽：江南民间祭祀探源》）。

明清以后，景德观中主祀东岳泰山神，陪祀有唐代名将张巡、许远，宋少帝赵昺，靖康时死难的李若水，抗金将领刘锜等唐宋名人神主。但是，据说其中最灵验的，是一位叫"刘学士"的神明。刘鞈生平似不见宋金正史，但笔记杂著中有不少他的事迹，尤其曾以出使金国、不屈而死最著名，之后宋高宗赐资政殿学士，刘公也成为全国性的公祭对象。据记载，韩世忠就是在驻守江湾之时，在龙神庙中挂上刘鞈绘像，本地士民焚香顶礼，遂成为庙中神祇。一直到明万历年间，王世贞上书封刘鞈为东岳左丞相，晋阶忠显王，本地人遂称刘学士为"郡王"。所以，江湾之地每年的东岳圣诞，都是由这位"刘郡王"代巡的。这座保佑一方的东岳行宫明清以来历次递修，一直是江湾人民重要的公共空间，至少在民国时期还保有香火与香汛，应该于"一·二八"或"八·一三"两次战役中被毁，此后便不能寻其踪迹了。据说这位刘公的像，被沿着走马塘搬到了下游的法善庵中，继续与另一位清代刘姓神祇供到了一起。法善庵也在复旦大学南区外不远的走马塘北岸。

比起依据五行原理置于镇外东首的景德观，江湾保宁寺的位置要靠近中心得多，年代也要略早。据镇志，保宁寺建于后晋天福三年（945），建寺的智光大师来自东京大相国寺；明永乐年间出过几位预修《永乐大典》的僧人，之后的声名似乎有些不振。寺址在镇中心走马塘北，今天寺院建筑虽不存，但塘北主干道依然叫作保宁路，应该就是寺址东首。庙产兴学的日子里，保宁寺早早被学校、医院所占，不复旧观了。

与保宁寺在近代落寞的境地形成鲜明对比的，是另一座日后发迹的古刹。江湾镇上有史可考最早的寺院，是一座叫"崑福寺"的寺院，据说始建在梁天监年间，但寺址屡改，久已湮灭。光绪年间，普陀山有位慧根法师，从中土礼佛至印度，经缅甸得居士护法，开山取玉，雕成五尊玉佛，欲请回普陀山。路经上海，因各种机缘留坐佛、卧佛各一尊，在江湾之地造庙供奉。最先结庵在张华浜，后盛宣怀（1844—1916）及夫人庄德华等共襄盛举，取沙泾东江湾铁路车站旁、崑福寺旧址，建新寺供奉玉佛，取名"玉佛寺"。寺院于辛亥革命后搬入租界苏州河南新址，两尊玉佛完好保留于彼处，那就是今天的上海玉佛禅寺。

四、维　新

上海开埠为整个江南区域带来的改变显而易见。十九世纪中叶之后，上海及周边的市镇开始引领时代之先声，江湾也不甘落后。从地缘上看，江湾处于华界与租界相邻地带，是租界通向吴淞码头的重要中转，拥有传统的水陆与公路交通优势。但近代以后，传统交通方式已经不能满足快速通勤的要求，西洋的新玩意：火车开始走进国人的视野。第一站，选择的就是江湾。

不过第一次亲密接触并不美妙。据说在清穆宗大婚时，英商想随一份大礼：给皇帝赠送一条铁路——遭到了"很无礼貌地拒绝"（参见吕承朔《工业遗产与历史记忆——聚焦淞沪铁路》）；时任两江总督的李鸿章，也在洋行联名上书修路的建议面前犹豫未决。西方资本家们遂在未经中国同意的情况下，辗转由远东最大的英资财团怡和洋行（Jardine Matheson）全权办理，假借修建"一条寻常马路"的名义，造成中国大地上最早的现代铁路"吴淞铁路"；起点选在苏州河边的天后宫北（今河南北路塘沽路口），终点就是崑福寺遗址边的江湾站。光绪元年（1875），怡和洋行征地筑路时来到江湾镇东，测出铁路要经一户苏姓人家的宅地，向他买地。苏家的孤孀张氏不肯，"文明"的英国人居然也拿她没什么办法，只能令上海会审公廨羁押再审，宝山知县冯寿镜亲赴公廨据理力争，事才得解。据说这事一出，连洋人都觉张氏威武不能屈，西方报纸都竞相记载此事，美名传播欧洲。

1876 年 7 月 3 日，吴淞铁路正式通车营业，立刻引起本地轰动。不过反对的声音接踵而来。仅一年后，因江湾镇北面试车时轧死一名行人（抑说是士兵），引起反对者大愤，清政府遂赎买回铁路，全部拆毁。拆毁的铁轨倒是没扔，全运往了台湾基隆港造码头铁道，运煤拉货去了。

通车不满一年的铁路运营情况良好，收入颇丰，也为之后建设铁路埋下伏笔。第二次倡议修淞沪铁路，是二十多年后的 1895 年，两江总督兼南洋通商大臣张之洞援北洋修筑军用铁路之例，先后两次向清政府总理衙门建议修筑"吴淞—上海—江宁"之间的铁路，认为修筑此路"有益商务、筹款、海防三端"。并建议此路分为五段筹办；筹一段之款，即办一段之路。得到批准，铁路得以再建，并以盛宣怀坐镇上海，亲自督造。新线路大体循原吴淞铁路走向，在吴淞铁路被扒去后二十余年的 1898 年 8 月 5 日，全新的淞沪铁路全线竣工，自上海站（俗称老北站），经江湾、张华浜、蕴藻浜，至吴淞炮台湾；六年后，这条铁路归并沪宁铁路管理，改称"淞沪支线"。上海改为特别市后，乘客日渐增多，又陆续增加至 9个车站。淞沪铁路的头三站：沪宁车站（老北站）、天通庵、江湾镇，全部在民国江湾镇治下范围。

铁路与近代江湾的缘分，尚不仅如此。太平天国时期，有一支颜氏家族从厦门迁来江湾吴家湾、大约在江湾站旧址附近，据说他们就是孔子最钟爱的弟子颜渊的后人。江湾颜氏就诞生了一位近代中国的铁路专家颜德庆（1878—1942）。这位毕业于美国宾州理海大学（Lehigh University）的江湾后生，先后参加粤汉铁路、沪宁铁路的建设，并主持收回胶济铁路。

说到江湾颜氏一族，德庆似乎还不算是家中最耀眼的——其实，他的父亲就是上海圣约翰大学的创始人之一的颜永京（1839—1898），他的兄长颜惠庆（1877—1950）更是曾任北洋政府总理。德庆还有个表弟，是清华史上最卓越的校长之一曹云祥（1881—1937），其最为人熟知的便是主持了拥有"四大导师"的"清华国学研究院"。他还有个堂舅吴虹玉（1834—1919），则是参加过美国南北战争的圣公会重要牧师；吴牧师不仅在江湾建了圣公会保罗堂，还在虹口港岸边建了一所同仁医院，后来成为圣约翰大学医学院的实习医院，从那里毕业了德庆的堂弟、虹玉的亲外甥，也是中国近代最重要的医学教育家：颜福庆（1882—1970）。

另一位来到江湾大展宏图的人物，是十九世纪八十年代的上海首富叶澄衷（1840—1899）的四子叶贻铨。因为清末时上海跑马厅（在今人民公园位置）不让华人成为永久会员，叶四公子愤而筹划自办华界跑马厅，来到了租界以北的江湾。他沿着走马塘向东，经保宁寺出江湾镇，沿袁长河，穿淞沪铁路，经景德观，再过小吉浦以东，最终圈下袁长河两岸占地约1 215亩的土地。据说叶公子看地时，同时请了上海知县坐着蓝呢大轿，到现场监督圈地，自己当场向农民付款，立刻打上木桩，堪称高效。

"万国体育会"跑马厅建成后，叶公子又在体育会大门修了一条直通铁路江湾站的马路，命名为"体育会路"。1929年，为纪念民国十四年逝世的孙中山先生，特别市政府把"体育会路"改名为"纪念路"，并在路尽头树起了一座"孙总理奉安纪念碑"。奉安纪念碑与跑马厅多数建筑都毁于之后日寇的炮火中，仅剩纪念路记录着往日的沧桑。

初建的江湾跑马厅一如叶公子的期望，非常火爆；但进入民国后，租界的跑马厅开放了华人会员资格，江湾厅就不如之前那么火热了，不过情况还没到最糟的程度。直到"一·二八"事变以后，跑马厅部分被毁，生意才渐渐支撑不住。叶贻铨与颜福庆因圣约翰校友身份而相熟，三十年代的颜大夫正积极筹建上海医学院和实习医院，叶家慷慨地捐出了跑马厅袁长河以北的一处娱乐场"夜花园"，交给颜福庆办实习医院；医院也以叶贻铨之父的名字，被命名为澄衷疗养院，叶氏这一善举，同犹太商人嘉道理（Elly Kadoorie，同样是捐予上医）一同获当时的教育部褒扬。1934 年 5 月 31 日，流亡于沪的爱国宗教领袖九世班禅额尔德尼曲吉尼玛，受颜福庆之邀前来参观落成不久的疗养院与叶家花园。地主颜福庆在花园宴请了班禅与同行的大居士赵恒惕、屈映光、冯仰山等人。

五、学　　府

江南对文教之化的看重，历来是有目共睹的，而江湾之地似乎更有其突出的成就。江苏省早在晚清就成立多个本地教育团体，在废除科举之后合并出一个对日后影响深远的新式教育联合体：江苏教育总会。在这一风潮下，当时犹属江苏省的江湾，新式学堂如雨后春笋一般，其中最著名的就是张元济等主办的尚公学校，校址就在当时的江湾境内的宝山路一带（今属虹口）。而新式铁路的修建，更是加速了新式高等院校在此地的集中。从民国建立直至抗战前，在江湾到吴淞这一线上，形成了一片近代上海初高等学校林立的"大学城"：著名的国立同济大学、国立上海音专、国立上海医学院、私立立达学园等著名学府，得以办校于此，就是因为淞沪铁路贯通，交通便利以后的缘故。尤其以复旦大学为著。马相伯先生（1840—1939）创办复旦公学的选址，便是淞沪铁路吴淞站边的前吴淞提镇行辕。1905 年 9 月 14 日，新成立的复旦公学将举办开学仪式。为了庆祝复旦创校开学这一盛举，并为观礼之人提供便利，淞沪铁路方还为此进行了调整，特意在客运火车来回经过复旦时，均停车五分钟（参见张仲民《复旦公学创校史实考》）。

辛亥革命后的 1912 年，吴淞校址为光复军占有，复旦暂时迁往徐家汇李公祠、即今日复旦中学校址，办学条件受限。1913年新任的李登辉校长（1872—1947，近代教育大家，印尼爱国华侨）至南洋募集资金后，又将校址选定在江湾之地，以募集来的资金购得七十余亩——其地并不宽敞，即今复旦邯郸路校区西南侧——登辉校长选中这块地的最重要一条原因，便是离江湾镇火车站相去不远；不少来复旦兼课教授，就住在淞沪铁路沿线。当时复旦朝北有个校门，门外的路是由叶贻铨建叶家花园时开辟的煤屑路，路名先后叫过叶氏路、澄衷路、叶盛路、政澄路，都与叶氏家族关联，即今天的政民路。据说此路向西跨过一座河上的木桥，便可直通江湾站（参见张国伟《政民路与复旦后门》）。这座木桥早已不存在，不过小河至今忽隐忽现地流淌着。

复旦大学选址江湾，不仅考虑了两公里外的江湾火车站，同时也兼顾了当时江湾周边的形胜，其中江湾水道又是最关键的。大约是在叶贻铨圈地建跑马厅的十年后，李登辉校长坐着淞沪铁路来到江湾站，下车东行。1917 年时，"体育会路"还有没改名"纪念路"，这条路能直达跑马厅正门。来到跑马厅核心区域之前，他会路过一条河，就是从江湾镇走马塘向东而出的一支：袁长河。袁长河在西北不远处，接受了自北向南而来的小吉浦，自此继续向东，在东南不远处，又分为两股，一支为袁长河主流向东，另一支向东南方向行后，再拐一个弧线向东北方向，在殷行镇重新与袁长河汇合，共同在日后的沪江大学北侧，注入黄浦江，这支先东南后东北走向的河流，就是出江湾镇后的走马塘；复旦后门的木桥，就在其之上。李登辉仔细勘察了袁长河与走马塘东侧夹出的这块半岛型土地，认为是建校办学的优良之所，于是把一所日后历经百余年的名校，奠基于此。

他请来了在耶鲁同届毕业的同学亨利·墨菲（Henry Killam Murphy，1877—1954），为这所新学校设计校园，墨菲选择美国名校弗吉尼亚大学校园为蓝本，吸取了之前在长沙雅礼、北京清华的设计经验，为复旦勾勒了一幅傍河而立的蓝图。校园北面建筑如男女生宿舍楼临袁长河，西侧简公堂等临走马塘，南侧奕柱堂、校门亦在走马塘转弯处，建筑群的中间是中央大草坪。1931年，为纪念李登辉校长已故的夫人汤佩琳女士而命名的学校卫生院"佩琳院"，也坐落于走马塘东北岸；燕园中的池塘，亦为来自走马塘的活水。今天复旦大学相辉堂草坪周围，即是当年墨菲的布局，被江湾的源泉走马塘与袁长河所包绕，受江湾水土英灵的庇护。但可惜的是，墨菲时代设计建造的建筑在两次淞沪抗战时都被战火毁坏，不复旧观。今天复旦校园格局，主要是二十世纪五、六十年代，老校长陈望道先生（1891—1977）主持校务时重新布局的。

结语：水之于灵魂

今天，复旦校园重建抗战时被毁的简公堂等建筑，并配合市区政府，将流经的暗河重新"见天"。新来的复旦的师生或许会疑惑，复旦校园哪里还有河，其实见于方志的"袁长河""走马塘"依然在我们的脚下流淌。袁长河就是复旦人常常戏称的"本北高速"（校内一条连接本部与北区的水泥路）路下的暗河，东出国定路桥才见天日，河西侧在今文化花园明珠苑南曾露地面。今吉浦路西的"小吉浦"入袁长河后向东不远，南向析出走马塘一段，东南而行，位置大约在今天复旦北区学生宿舍区的外沿，流经复旦的西南角，直到今天内环高架中山北路段的走马塘干流，才露出路面。今天校园"本北高速"下潜行东出国定路桥的"袁长河"之名已不启用，而是取江湾名称的来源"虬江"命名，是为"今虬江"。

同时，走马塘在校园内的重要一段，便位于"本北高速"垂直的一条南北干道之下。因为此地为校园内商铺林立之所，这条路得了个诨名叫"非洲街"。前些日子"非洲街"商铺歇业，其实就是为了静待走马塘重见天日。

世界上众多知名高等学府，大都傍着水道，剑桥大学、哈佛大学都有流水穿过校园，李登辉、颜福庆二位校长的母校耶鲁大学，也是在河边不远。流动的水，能够平静人的心境，眼光放得更远，这是流水对于江南学府的最好的馈赠；位于江湾之滨的复旦，亲承江湾之水滋养历经百年，是时候让源头之流奔流于地面了。

注

[1] 感谢陈特、裴鹏、朱明川诸君对本篇写作的贡献，谨致谢忱。

忠烈昭应庙

　　上海东南滨海之地，原有座忠烈昭应庙，据记载始建于三国东吴（222—280）末年，原址在今大金山岛上，是上海有文字记载的最早的神祠庙宇。北宋宣和年间（1119—1125），庙宇赐额"显忠"，庙中所供神明晋封"忠烈公"。南宋建炎三年（1129），忠州防御史、节制司参议官辛道宗兼任总舟师，航行海上时途经此处，遂奏请加封此庙为"忠烈顺济"，又赐金翻新；第二年，又加封"昭应"。

　　关于供奉在这座庙里的神明，素来有所争议。据现存上海地区最早的方志、绍熙年间（1190—1194）的《云间志》记载，庙中曾有吴越王钱镠所撰写的祭文，文中言及修建此庙是为了报答汉代冠军侯霍去病的阴德。但在《吴国备史》中却记载了另一个故事。相传东吴末帝孙皓在病中，曾有神灵附身于他的近侍宦官，告诉他自己是汉代博陆侯霍光，吴国境内华亭县的东南有一处金山咸塘，在被海水淹没前这里原是海盐县。如今海上浪潮汹涌，危害百姓，非人力所能防患。希望孙皓在咸塘修建一座庙宇，他将率领部属在那里镇守，保护一方安宁。孙皓果然如其所愿。

　　后代方志多以《吴国备史》为准，认为忠烈庙中所祀之神明应是霍光，而钱镠的祭文中祀霍去病之说，是其未考察《备史》而发生讹误。然而，在今天所存的诸多史籍中我们并没有找到这本《吴国备史》，且在其他古籍中也未见有关此书的记载。而在《嘉庆松江府志》中，《吴国备史》被记为《吴越备史》，据南宋目录学家陈振孙考证，此乃吴越国最后一位国主钱俶的弟弟钱俨撰写的一本史书。今天我们还能看到《吴越备史》的残卷，但是其中并没有关于"吴主梦霍光"一事的相关文字；况且，这本书主要记述吴越国开国国主钱镠以下累世事迹，忽然详述东吴之事似乎也不在情理之中。不过最终霍光还是成为上海地区最受尊奉的神明之一，大约在明代时候，霍光与秦裕伯先后被敕封为上海的城隍老爷，上海县也是明清时代少有的拥有两位城隍老爷的县城。

值得一提的是，宋末文人赵孟坚曾为忠烈昭应庙撰写过一篇碑文，文中也提到《吴国备史》中所载之事。不过，赵孟坚并没有在意文献的矛盾出入，因为他这篇碑记的重点在于寺庙配享的"英烈侯"钱氏。

这位英烈侯家住闵地，排行第七，他的故事更为传奇。数百年前，钱七航海经商，途经忠烈昭应庙，于是进庙祭拜。他感慨霍光一生对汉室忠心耿耿，为社稷竭尽心力，不禁肃然起敬；他又觉尘世烦扰纷杂，名利纠葛永无止尽，莫若在此侍奉忠良。此念一发，顷刻间天昏地暗，钱七与霍光灵感通微，竟随之化归阴间，从此配享庙院，接受供奉。后来宋军兴师抗金，钱七在暗中施展神通，派阴兵以"华亭钱太尉"的旗号前去助阵杀敌。待主军班师回朝后上奏此事，皇帝遂敕封钱七之灵为"英烈侯"。故事讲完了，碑文却才读了一半。在剩余的篇幅里，赵孟坚不住地激赏英烈侯的忠勇仁义，在篇末更将此情诉诸一篇洋洋洒洒的四言颂诗，极尽赞美之词。

这位连正式名字都没有的英烈侯，显然是百姓在祭祀活动中神化出来的人物，或可看作是民间用自己的方式，对上层传统所强调的"忠孝节烈"加以演绎。赵孟坚是有智识的读书人，他未必真地相信英烈侯的存在。但他依旧不惜笔墨地颂扬，也许这是国破家亡之际，一位皇室后裔对忠臣义士的最深切的期待——其时蒙古大军的攻势已然锐不可当，而目之所及尽是气节丧失的降臣国贼和尸位素餐的鼠雀之辈，太多的割地赔款和卖主求荣不断搅动着赵孟坚的悲愤，他太渴望有一个一腔忠勇、奋不顾身的"英烈侯"能够挽救危局。相传，忽必烈曾几度请赵孟坚北上入仕，但他却始终不为所动，常年在吴地隐居。

明代正德年间的《松江府志》中提到，忠烈昭应庙在当时已被废弃，所存之物唯有庙中的一只石炉。后来当地逐渐形成了在家中祭奉霍光的习俗，他们尊其为"金山神主"，英烈侯钱氏为配享。

忠烈昭应庙有一座别庙，在金山朱泾镇惠民桥东，俗称"金山神主庙"或"钱总管庙"，这座别庙建于元惠宗元统年间（1333—1335），时任松江知府申秉礼修葺，至正六年（1346）被毁。至正十四年，松江府达鲁花赤（蒙古语，意为地方长官）哈散沙、颐浩寺（今位于青浦金泽）寺僧希颜修复。顺治七年（1650），里人将这里重新改建。康熙二十六年（1687），又改为"问香庵"，亦称"金山庙"。雍正七年（1729），知县文铎在庵中设立义学，供当地贫家子弟读书启蒙。嘉庆八年（1803），知县郑人康捐资重修。嘉庆十五年又重修。清中后期，这里逐渐废弃。

周文襄公

一、"苏松熟，天下足"的背后

元至正二十七年（1367），在平江城坚守了一年多的张士诚终于还是败了。英雄末路，无力回天。面对朱元璋派来劝降的说客，张士诚闭目不言；被押上前往应天府的船，一路上他又粒米不进。下船进了城，入夜后，趁人不备，张士诚自缢身亡。次年，朱元璋登基，国号大明。平江被改为苏州，而城中百姓对张士诚昔日的恩泽依旧念念不忘。龙椅上的朱元璋闻及此事，皱了眉——分明是自己的手下败将，最后倒让他留下个大丈夫的风骨英名，叫人感念至今。想起数年来的恩怨，朱元璋心中恨意更甚。天子之怒一发不可收拾。当初各路农民起义时，不是相传"张士诚最富"吗？那就将他昔日治下豪族和富民的田产全都没收，充入官田。按例，官田每亩应缴纳税粮五升三合五勺？那些富庶的地方，缴这些怎么能够？必须加。按私租另算，每亩征收税粮四五斗、七八斗，乃至一石！整个江南都要加！

以苏州一府为例，在高达二百七十七万石的官民田租中，有二百六十二万石皆出自官田。百姓不堪重"赋"，逃窜流离。在江南这个物产丰饶、商贸繁荣以及以才子佳人著称的区域，一方面流传着"苏松熟，天下足"的民谚；而另一方面，这繁华富庶的背后，却是连年累月数以千万计的赋税逋欠。明宣宗宣德五年（1430），经夏原吉、杨士奇、杨荣等朝廷重臣的举荐，入仕二十年未得重用的周忱（1381—1453）走马上任，以工部右侍郎之职巡抚江南，总督税粮。

二、泽被一方：善政与改革

周忱首先上奏，请求减少江南官田税额，与民田统一标准征收。经户部核验后，松江府减税三十余万石，苏州府减税七十余万石，其中嘉定一县就减少了十万石有余。江南父老告诉周忱，这里的豪富大户们不肯缴纳耗米（征收钱粮时为弥补损耗而加征的部分），便从老百姓那里征收，导致百姓贫困流亡，于是逋欠更甚。针对这一情况，周忱制定了"平米法"——即征税科则不变，但田主不论大小，必须一律缴纳耗米。本来田赋重的，加纳的耗米就相应减轻；而原先田赋轻的，耗米则加重。同时，周忱又奏请工部给诸县下发统一的铁斛，作为称量标准。时有刁民尹崇礼，妄图阻挠这项制度，提出不该加征耗米，要求追究仓库主管人的责任。周忱遂暂停推行新制。不久，夏秋两税又开始拖欠，百姓生活无所依靠，人人怨声载道。于是，周忱对尹崇礼严加惩处，仍旧恢复了平米法。

负责征收、押解税粮的粮长原有正副三人，他们每年七月到南京户部领取"勘合"，押运完成后再送还回去。这当中的往返耗费，皆出自税收；且征收过程中，多有中饱私囊之事。周忱上任后，革职查处了部分粮长，又改设正副粮长各一人，让他们轮流去领勘合，完成工作之后，官府将勘合集中收回。这一举措间接减轻了百姓们的负担。

粮长收上税粮后，通常于自己家就近贮存。周忱下令各县在水边置一粮囤，每囤设粮头、囤户各一人，称为"辖收"。收粮多达六七万石以上的粮囤，才安排一名粮长统筹管理，称为"总收"。百姓持帖交粮，官吏加以监督，粮长的职责仅仅是定期汇总。此外，又新设了"拨运"和"纲运"两职。前者负责记录运粮数量，预估送到京师、通州等粮仓的损耗，从而制定支给数量；后者则需记录运输途中产生的各项费用，回来之后再一一补还。起初百姓们对这项制度并不看好，但试行了一年之后，不但欠税悉数补还，仓中还能有余粮，于是人人叹服。

周忱在江南的另一大善政是设立"济农仓"。宣德七年（1432），江南五谷丰登，宣宗令各府县用官钞购置粮食，以备赈济和借贷。当时公侯、军官的俸禄皆由南京户部所出。苏松二府百姓将税粮输送到南京，每石加收费用开支六斗。周忱下令由各府统一支给，一斗补贴船价，其余五斗存入官仓，共计贮粮四十多万石，加上此前官钞所购，合计七十多万石粮食，名曰"济农仓"。

除了常规的赈灾和借贷以外，纲运一职的花销亦出于济农仓。路与不测者，也可从济农仓中借贷。修圩、筑堤、开河、浚湖等工程所需要的粮食也出自仓中，且不必偿还。前来借粮的农民家底如何、有田多少，周忱都派人会调查清楚，然后再决定借贷的数量，等到了秋天再与税粮一同收回，如遇到荒年再行赈济。若有借粮不还的奸滑之徒，日后便不再借出。周忱将这些条例公之于众，皇帝知道后颇为嘉许。

明代漕运由军民各负责一半，军运的船只由国家配给，民运则要租赁船只。加上耗损等杂费，大约每运送三石粮食就要多加耗一石，往来需要一年时间，耽误农事。周忱与平江伯陈瑄商议决定设"水次仓"——通过民运将粮食运至淮安或瓜州水边，再由军运送到通州粮仓。运送到淮安的每石粮食加交五斗，运到瓜州则再加五升。运至附近以及南京卫所而没有过江的，则在当地的仓库交兑，每石粮食加交"过江米"二斗，衬垫用的芦席也折成五合米缴纳。如军运因风期而延误，各州县则需负担所需粮食。且在瓜州水边设立粮仓，把别处的米迁运过去，支拨给收仓的官吏。此举大大节省了漕运的费用。

三、周 忱 与 上 海

明清时期的松江府加上曾属苏州府的嘉定县，大抵便是今天的上海全境。与江南的其他府县一样，松江府不仅仅是财税重地，且赋税一直征无定法。周忱奏请重新审核官田和极贫者夏秋两税的税额，准许他们将税粮从轻折合成金花银。每两金花银可折四石大米，每匹布可折合一石大米，松江一府共计折合大米四十八万余石。这些大米被运往京师，兑换官俸。如此，百姓所出甚少，而官俸又长期充足，可谓两全其美。

嘉定、昆山等县每年要上缴的布匹，每三斤抵一石粮食。等到要将布匹押解进京的时候，其中十之八九都会因为线粗而被退回。这是情理之中的——针线细密的布必然轻薄，价格也更高。既是以重量兑粮，布匹的做工肯定就不会太精细。周忱提出，今后上缴的布匹不以轻重论，而以尺寸作为交兑准则。皇帝很快采纳了这项建议。

正统年间（1436—1449），松江府下辖的华亭、上海二县拖欠盐税多达六十三万二千余石，朝廷敕令周忱兼任松江府盐课一职。当时靠近海边的盐户称"卤丁"，离海边远的则称"灶丁"。卤丁每年补贴负担一定的柴卤钱米，让灶丁们代为煎盐。但这部分钱粮经常被乡里总管催正钱粮的"总催"侵吞克扣，导致灶丁日益贫困，四处逃窜。正统六年（1441），周忱仿照济农仓设"赡盐仓"，将卤丁应缴纳的六万余石粮食尽数留在松江本府支用，这样一来，节省了运盐耗损三万多石。他把剩下的三万多石粮食分贮于各个盐场，用以赈济灶户，同时补缺逃亡灶户所造成亏空；原先由卤丁们补贴的柴卤钱米亦贮存到各仓，令官府统一支给。周忱还根据盐户的殷实程度挑选人担任"总催"和"头目"，轮流当值，如有懈怠则撤职替换。很快，之前的亏缺全都补足，贩卖私盐的情况也渐次减少。

其时苏州常有水患，朝廷遂派周忱前往治水。周忱一经视察，发现吴淞江东连大海，西接太湖，而北面皆平坦之地，百姓便在此开垦农田，从而导致江水壅塞。于是，他督导百姓疏通上流，使得昆山、顾浦的水能够迅猛流下，冲开淤塞。周忱又见吴淞江畔有一百五十顷的柴场和沙涂，水草丛生，容易发生虫灾，便招募百姓来此开垦，既能使赋税充足，又消除了虫害。

四、人心所向，有口皆碑

周忱治理江南，以百姓利益为先，诸多与民生切身相关的改革也使他受到了江南百姓的爱戴。作风俭朴、平易近人的周忱，颇能体恤民情。每每察访村落，他都屏退随从，与农夫村妇悉心交谈，认真询问疾苦，商议如何处理。有一次在村庄的偏僻处，周忱见有乡人在树下乘凉，便走过去并肩而坐，闲聊田间农事。过了一会儿，随从找到这里，乡人这才知道身边坐的是巡抚大人，忙忙地叩头谢罪。周忱不但笑着安抚他，还将之前的农事聊完方才离开。

设济农仓时，虽然与百姓规定好了还贷期限，但到了时间周忱也并不急追紧讨。每年征税完毕之后，到第二年正月中旬，他就会发布公文，向百姓放粮，他说："这些是大家的税粮上缴之后多余的部分，现在还给百姓。希望你们努力种朝廷之田，到了秋天积极向朝廷纳税。"

对于下属及同僚，周忱也是坦诚相待。即使是低位小官或者不计其数的小吏，他也会都耐心聆听和参考他们的意见。对于有才干的下属，比如苏州知府况钟、松江知府赵豫、常州知府莫愚、同知赵泰等人，周忱更是与他们推心置腹，共同商讨政务，让他们各尽所长。也正因此，他在江南的诸多制度都能顺利地推行。

若是外郡遇灾，周忱亦会慷慨援助。景泰（1450—1457）初年，江北饥荒，都御史王竑向周忱借贷大米三万石。周忱思虑宽裕，一直为他预算到来年丰收时节，直接借出了十万石。

五、木秀于林，风必摧之

宣德（1426—1435）、正统（1436—1449）两朝，前后二十年间，朝廷对周忱益发看重。甚至他两次亲丧，朝廷都不让他守丧，令他继续理事。受此重用，周忱更加发奋，发现利害定然进言，而朝廷也往往都会听取他的建议。明宣宗及英宗都曾特许周忱在一些事情上见机而为，不必再上报朝廷。因此，周忱于很多所谓的"小处"常常无所顾忌。这种不拘小节的行政风格难免授人以柄。比如，他用赋税盈余兴修官署、学校、先贤祠墓、桥梁道路、庙宇寺观，接待朝廷官员、资助过往行人的时候也毫不吝啬，一些下属就借机从中渔利。周忱对此从未过问，遂屡屡落人口实。

凡改革者大多饱受争议，致力于江南赋税改革的周忱也不例外。宣德间，周忱刚刚奏请为江南减税时，朝廷就有郭资、胡濙二人认为这是"变乱成法"，理当论罪。但宣宗并未问罪周忱，反而还严厉地斥责了郭资等人。正统九年（1444），给事中李素等又一次弹劾周忱妄意更变，在赋税事务上独断专行。周忱上奏自我辩解，英宗认为，既是将余米作为公用，那便不必问罪。代宗景泰元年（1450），又有溧阳豪绅彭守学参奏周忱失察失职，说自加征耗米、积攒羡余以来，其下属屡借公用开支之名行贪腐之事。户部派遣御史李鉴等人到江南各府进行调查。第二年，周忱被召还回朝。

周忱向皇帝辩解，自任巡抚以来，江南赋税逋欠的问题不但得以解决，而且得每年还能有所盈余。虽然自己经常便宜行事，但这是因为宣宗及太上皇（英宗）曾有敕谕。不过，他也承认，彭守学所奏之事确系自己出纳不严，应受责罚。还有一些人认为，赋税羡余也应归国家所有，不得擅自动用。礼部尚书杨宁为首的一些朝臣对周忱大张挞伐，各路言官也纷纷奏请将其治罪。代宗知道周忱一向贤明，又体谅他已年迈，加之不少官员都为他求情，于是最终只令他辞官退休，未再深究。

六、夏周二公祠和思贤堂

巡抚江南十八年，周忱视民事如家事，他推行的诸多善政，都给百姓带来了实实在在的利益，所谓"东吴宴然，民不知扰"。当时理财之人，无人能出其之右。明清两代，凡提及巡抚惠政，江南百姓言必称"周文襄公"。江南百姓对周忱的恩德念念不忘，各府县大都为他修建祠堂，以寄追思。今以上海旧志中所记明代松江和嘉定的两处祠堂为例，稍作考察。

明成化十五年（1479）建于松江府西南的夏周二公祠，原是宝相寺，因周忱有功于江南，时任知府王衡便在此主持修建了周公祠，奉周忱的神主，供当地百姓寄托思念。曾任吏部尚书的松江人钱溥，特意作文记述此事。后来又念及永乐年间夏元吉在此曾有治水之功，于是便将夏周二公合祭。清康熙十九年（1680），松江知府鲁超重修祠堂，同时撰记一篇。康熙四十年，祠堂毁于火灾，于是迁址至附近唐宋忠良祠的西边。嘉庆七年（1802），松江知府康基田再次重修，并为之作记。

另一处纪念场所是嘉靖十六年（1537）建于嘉定县西境的思贤堂，时任知县李资坤，在原崇真道院院基上改建而成。祭祀的贤能以周忱为首，设画像一幅，陪祀的有苏州知府况钟以及数任嘉定知县祖述龙、晋洪冕、白思明、王术、王应鹏、王仪等苏松乡贤，皆立牌旁列。前礼部主事杨循吉享有文名，其时正辞官退居于苏州故乡，他为思贤堂作记一篇，称表李资坤之功劳。李资坤担任嘉定父母官时，亦曾遗爱一方，他去世后，后人亦将其增祀于思贤堂中。万历五年（1577），嘉定同知施之藩署理县事，将祠堂移建置县武场东侧；二十五年（1597），知县王福征又迁至阴阳学故址。崇祯二年（1629），知县谢三宝对思贤堂进行翻修。康熙四十二年（1703），知县王栻重建。咸丰年间，思贤堂毁于战火，光绪二十二年（1896）重建，知县孙毓骥有重修碑记一篇。

对周忱的祭祀在江南地区成为一种特有的地方信仰。其实，为表达对先贤、忠烈的追思而修建祠堂、保留墓地、重建故居的行为，在各地都屡见不鲜。就上海地区范围内举隅几例：松江有二陆祠数处（祀陆机、陆云）；嘉定有黄氏祠堂若干（祀黄淳耀、黄渊耀），黄氏兄弟的墓自明末以来也是屡屡重修，保留至今；青浦有海忠介公祠（祀海瑞）、三公祠（祀夏原吉、海瑞、于成龙）；包括晚清民初立的周中铉祠、李鸿章祠等等，都可算作是同类信仰场所。那么，这种先贤信仰背后的实际意义又是什么？

首先可以肯定的是，先贤祭祀不是"淫祀"。所谓"非其所祭而祭之，名曰淫祀"（参见《礼记·曲礼下》）。明清两代在祭祀问题上都比较包容，可被祭祀的神祇范围相对宽泛。朱元璋在开国登基的第一年（1368）即下令各地访求神祇，"名山大川、圣帝明王、忠臣烈士，凡有功于国家及惠爱在民者，具实以闻，著于祀典，令有司岁时致祭"（《明太祖实录》卷三五）。地方先贤们无疑是"有功于国家及惠爱在民"的，对他们的祭祀显然是符合统治者意志的"正祀"。松江和嘉定的这两处周文襄祠堂有一个共同点是它们皆属官修，包括后来的迁址、修缮、重建，也都是由地方官主持的政府行为。此中缘由，借钱溥的碑文中言，"大丈夫建功与时者易，而惠泽不忘于人者难"，换言之，官员修祠是希望能让周忱的功绩"不忘于人"。钱溥在文末还特别提到，知府王衡修祠亦是兴善之举，后人在追思周忱的同时对他也会心怀感念。而另一处思贤堂的修建初衷也类似，根据杨循吉的记文，是知县李资坤"为思前烈之贤而作"；此外，周忱和夏元吉"尤为江南之治本，后贤之所当式也"，也就是说，除了让老百姓记得之外，对于后世的官员来说，周忱等人的治理之道亦是可以借鉴的样本范式。

除了官方认可之外，这些先贤在民间也已建立了深厚的社会基础。《明史》记载，周忱生前在江南"与吏民相习若家人父子"；他离任后，人们"思忱不已，即生祠处处祀之"；至于他去世后，供奉他的祠堂更是不一而足。周忱离任江南后，朝廷任命李敏替任巡抚。然而，从那以后，户部将赋税余羡也全都征收上来，各府囊橐萧然。后来吴地发生饥荒，饿殍遍地，税收又逋欠如故。苏松二府的赋税自宣德年间递减之后，嘉靖、万历两朝又增加了三十多万石。终明之世，百姓始终困于重赋。钱溥的碑记还记载了这样一个故事：松江府连年水灾，饥民垂死前说的一句话是："如何求得周大人复生来让我活命啊！"百姓们追念以周忱为首的济世能臣，这些人解决的税收、米价、水利、漕运等问题，与百姓生活息息相关。当温饱的最基本需求不能得到满足，社会矛盾日益激化。而这种社会矛盾越激化，来自百姓的追思就越深刻，先贤们在地方社会树立的光辉形象基础也就越发牢固。

很多学者在研究"中国地方社会是如何形成"的问题时，都提到对土地神或城隍神的共同崇拜所起到的作用（如香港学者科大卫［David Faure］在其专著《中国乡村社会的结构》中对此就有阐述）。但如周忱这类享受祭祀的先贤与地方神灵不同，他们死后的鬼魂依旧保留着人格特点，他们的行为并未被神化和夸张。另一方面，他们在享受祭祀时，各级地方社会已相对固定，并不存在"形成""兴起"之说。但不可否认的是，祭祀先贤也是一种地方信仰。"共同崇拜促进地方社会形成"的观点仍然给我们启发，也许我们可以将"如何形成"的话题转换为：中国地方社会是如何维系的？

如果江南社会看作一个共同体，那么官方和民间双重层面纪念先贤的目的，都是在呼吁和维护这个社会共同体的稳定秩序——主持修祠的地方官们，需要一个光辉的形象作为楷模，用以资政治世，教化万民；而对于老百姓来说，他们迫切渴望能有贤才再世，改变艰难困苦的生活现状。在这种契机下，"祠堂"之类的特殊场所成为了官民之间的交汇点。尽管双方祭祀的诉求各不相同，但在这个共同的祭祀空间里，他们的信仰都得到了寄托，寻求护佑的心情在此达成了一致。李天纲教授在著作《金泽：江南民间祭祀探源》中将此归纳为先贤祠祀的"地方公共性"，并指出这种公共性很容易转为对地方文化的认同。

具体到江南地区对周忱的祭祀而言，地方官和百姓们通过对周忱这个人物的追思实现了相互之间认同，在某种程度上维系了地方社会的安定。

七、上下层意识形态之间的流通与统一

长期以来有一种观点认为，传统中国社会的意识形态来源于儒、释、道三教合一的伦理观念（如果我们承认儒家是一种教派的话）。"三教"自中古社会就彼此依存、互为补充，到了明中叶以后，在阳明学的推动下，"三教"融合则更加迅速和紧密。而《金泽》一书在"三教合一"的基础上又提出了"三教通体"（或"三教一源"）的概念。作者认为"三教"不仅仅合于教义，还合于礼仪、合于基层。换言之，"三教"的具体礼仪表现来源与基层，来源于对神明的崇拜和祭祀，而这些行为恰恰是民间宗教最基本的信仰形式。

正如余英时先生在《从价值系统看中国文化的现代意义》一书中所言，中国的上层文化和下层文化之间的差异并不严重，可谓"万变不离其宗"。和这里的"上层文化""下层文化"相似的，是所谓的"大传统"（Great Tradition）与"小传统"（Little Tradition），或"高层文化"（High Culture）与"低层文化"（Low Culture）/"民间文化"（Popular Culture）。大小传统的概念最初由人类学家雷德斐（Robert Redfield）提出。雷氏认为，"大传统"由少数有思考能力的上层人士创造，"小传统"则由大多数不识字的农民在乡村生活中逐渐发展而成的。雷德斐将大小传统置于对立面，但余英时却强调，中国的上下层文化之间是相互依存而非相互对立的。比如，民间最初的占卜祭祀后来发展为《礼》《易》正典，而中原正统"礼失"之后又要"求诸野"；中国古人向来注重从上至下的"礼乐教化"与"移风易俗"，这看作"大传统"贯注到民间改造小传统的例证；当"三教合一"的基本意识形态逐渐形成后，民间的"小传统"则通过小说、戏曲等通俗形式对大传统强调的"忠孝节义""善恶报应"等思想加以演绎。诸如此类，都体现了中国上下层文化之间的互动与流通。

现在我们再回过头来看先贤祠祀，或许能够进一步理解为何官方和民间能够共同促成这种祭祀行为——"三教"原本就是在民间宗教祭祀传统的信仰本体上建立起来的，而官方的"大传统"和民间的"小传统"之间也从来是一脉相承，并不存在巨大的隔阂。上下层意识形态之间的顺利流通，无疑也为彼此之间的认同提供了便捷，而他们所处的社会共同体之间的稳定关系，也得到了更好的维系。

当我们在谈论官方与民间通过先贤祠祀维护地方社会时，我们已经默认官民在信仰层面处于同一个共同体。但有一个最基本的问题可能是我们一开始就忽略的——我们该如何确定这些文本的真实性？除了《明史》中的材料以外，笔者对周忱的了解来源于江南各地历代的地方志，以及这些志书中收录的相关碑刻。正史和方志皆属官修，即便是写碑铭的人也都是官方人士。这些编修史志的官员作为贤明形象的文本建构者，我们如何相信他们没有刻意美化，没有刻意为这些所谓的"先贤"制造良好的官声呢？毕竟在史志中制造一个有利于治国教民、受人爱戴的形象继而加以利用，这对皇权专制的历朝历代而言都是一种合理行为。而相比之下，老百姓很少拥有话语权，他们在舆论中从来都属于弱势群体。实际上百姓是否真的如此拥戴周忱之类的先贤，我们并不得而知。

因此，如果要深入探讨"官民双方共同通过先贤祠祀来维护地方社会稳定"这一问题，我们也许还需要一些非官方的文献，比如私修史志、传教士日记之类的材料来加以佐证。否则，精神领域的地方社会不过也只是本迪尼克特·安德森（Benedict Anderson）所谓的一个"想象的共同体"（Imagined Communities）。

被人遗忘的"和平之神"：
一位清代上海基层官员的奋斗与身后

晚清的咸同年间，上海有位重要的地方官，在基层、领导、内政、御敌等诸多岗位上，都做出过颇为突出的成绩；所以在他去世后，得到了朝廷的追赠与建祠传供的殊荣。古语有言："有功德于民则祀之。"纪念这位地方官的祠堂在上海就设立了很多处，比如著名的静安寺里，就曾供奉过这位官员的牌位。他的专祠则设在县城内，入祀的当天，上海县为其举行了盛大的迎神赛会，几乎全上海的人都赶到城内参加这场盛会；这一切在一位西洋记者的笔下保留了下来。据西洋记者称，这位去世的地方官被朝廷追封为了"和平之神"；我们则知道他其实生前就被称为"刘青天"，病逝后续得了"右都御史"的赠衔——一般人对他的名字或许有些陌生，他叫刘郇膏。

一、基层的奋斗

刘郇膏（1819—1867），字松岩，河南太康人。道光二十七年（1847）进士，晚清大学者俞樾为之作神道碑，《清史稿》有传，另有上海地方志书《上海县志》《青浦县志》及苏州府县诸志皆列其传记。《清史稿》传中皆为其与太平军作战的描写，相比而言关于他在基层的奋斗，上海地区的府县志书中，则要丰富不少。

《清史稿》里记载，高中后的刘郇膏，随即成为江苏省的一位知县，我们尚不知道他第一站在哪里，不过他第二站肯定来了上海。咸丰元年（1851）他代理南汇县令，三年又改娄县令。在娄县任职的一年多时间，刘郇膏展示出自己在民防方面的天分。就在咸丰三年秋，小刀会于上海郊外的响应者，趁机暴乱。刘知县仅带领数百名"漕勇"便平定了上海西北局势，并在此年春兼任了嘉定知县（嘉定时隶太仓州）。同年，已有丰富知县经历的刘郇膏，升任松江府同知（副知府），次年改青浦县令。在青浦待了三年后，刘知县再一次改到松江府境内最重要的上海县担任县令，五县之地都留下了他的足迹。

在青浦时，刘郇膏被称为"为政异等"，据说他尤其擅长断案，不过县志中似乎没留下更生动的例子；但是在民生方面，刘知县还是展示出不可多得的才能来。咸丰六年，江南大旱，刘郇膏带领大家驱蝗保稼，从传世文献来看效果还不错，刘知县还留下两篇驱蝗告神之文：《祭城隍神文》《祭刘猛将军文》，传颂于时。青浦于晚清多次遭到地方土匪滋扰，平民子弟失学情况严重，刘郇膏在全县五镇：青浦旧治、青龙、黄渡、封林庙、朱墅五地，特辟土地，筹建义塾，因皆在县北，被通称为"北乡义学"。在担任上海知县后，又因两所名校：敬业书院与蕊珠书院于兵燹之后，经费入不敷出，当时自身县务也不甚富余的刘郇膏，硬是在上海县城外遥远的黄浦江边，划了一片新涨而成的沙洲给到敬业书院管理，先是收租，后来整体出售，作价充书院教育经费。（详见前文《徐氏祖宅、文定公祠及其他》）

据说上海在咸丰年间乱后，街市破败，民不聊生，不仅安顿活人不易，本地殡葬事务也让人头疼，志书里载："逢民命案，检验胥役、图保多方需索，邻右多至破家。"真的到了"死也死不起"的地步。刘郇膏改革旧的殡葬制度，凡事一应归本地大善堂"同仁辅元堂"办理，不经他人之手，并立碑于署门，永为其例。另一桩在上海办下的大事便是疏浚县南的漕河泾，龙华港内的漕河泾之前久已淤塞，直到咸丰九年刘郇膏重开，并在河上新修、重建多座桥梁，如漕河桥、东安桥、永济桥、报恩桥等。刘知县开浚漕河泾时亲自坐镇，设局于漕河北侧的一座小庵之中。

即便是战火纷飞的日子，进士出身的刘郇膏还是很重视乡邦史乘的搜集整理；虽然咸丰年间主政上海的刘知县没有时间和精力修出一部"咸丰上海县志"，但他在搜罗文献方面还是为后代学者做出了贡献。刘郇膏在任上找到了之前被认为早已不传的《嘉靖上海县志》，在当时被认为是最古老的上海县志。近代著名学者陈乃乾在《嘉靖上海县志跋》中提到这种珍本方志的价值时说，"新志虽出，而旧志仍不能废"。刘郇膏在咸丰十年得《嘉靖志》后，延请宝山人蒋敦复重修县志的"沿革表""官司选举表""宦绩人物传"等卷，虽然未能成书，但都被以俞樾为总纂的《同治上海县志》所吸收，成就"门类允当，脉络清晰"经典志书之作。

二、战 火 洗 礼

在各种传记中，都把稳定上海局面作为刘郇膏在太平天国战争中最大的成绩，他也因此在战后由县令被升为松江同知、江苏候补知府，直至布政使。当然，一开始刘郇膏还是颇擅出击的。在小刀会起义时，在嘉定有土匪名为相应，实为作乱的情况下，坐镇娄县（今松江区）的刘郇膏带领民兵便平定了嘉定县。咸丰十一年太平军第一次东攻，连下上海周边诸县城，刘郇膏孤守上海，他的老上司、时任江苏布政使的吴煦（1809—1872）要他出击浦东的太平军，刘知县硬着头皮，大败而归，自此他坚持固守待援。不过吴煦还是在这场事变中，找来了刘郇膏的同年、淮军的创始人李鸿章，又以出卖本地利益为代价，招募英法军事势力共同防御，终于在之后的战斗中安定住上海。吴煦于次年、即同治元年因"洋枪队"改"常胜军"及军中洋将"殴官抢饷"事被革职，名声大减，《清史稿》里也略有挤兑之意，且把最终守上海最大的功劳给了刘郇膏。《清史稿》有这么一段：

> （李秀成）进犯上海。（刘郇膏）登陴坚守十余日，贼不得逞而去。时大吏萃居上海，或议他徙。郇膏曰："沪城据海口，为饷源所自出，异日规复全省，必自此始。奈何舍而去之？"

　　从刘传上下文可以看出,那位不具名的"大吏",就是时任江苏布政使吴煦,而他一条大罪名就是曾经想弃城而走,但遭到知县刘郇膏的断然拒绝。不过刘的理由也殊可玩味:因为上海对外贸易发达,是军饷最好的筹集之所,所以这里会是克复全省、夺回太平天国首都南京的开始之地。如此犀利且具全局性的观点,出自当时仅为县令的刘郇膏之口,实在有些出乎上司意料。事实上,在老同年李鸿章嘴里"吏才欠精核""不善理财"的刘郇膏,好像并没有沾染到什么华洋杂处的沪上习气("沪中人才多染习气,惟刘郇膏朴实爱民",李鸿章致曾国藩书如是说),似乎也不应说得出"为饷源所自出"这样的话——那句话其实倒更像是李鸿章的观点。

　　李鸿章受命组建淮军支援上海的一大原因,就是因为上海士绅出得起淮军所需的军饷,东南富庶之地在数年战争时光被破坏殆尽,仅留上海一地可供军需开销。而在太平军反攻南京附近湘军的同治元年,李鸿章特地支开原布政使吴煦,让他西援曾国荃,把吴氏身上两大重职江苏布政使和苏松太兵备道,都安排给了自己人。其中苏松太兵备道、俗称上海道台让淮军出身的黄芳担任,刘郇膏则从松江同知直接升调代理布政使,也使得李鸿章正式掌控关税开销与沪饷出入,把上海视为自己的根据地,成就了日后上海在"洋务运动"中领先全国的地位。

　　刘郇膏与李鸿章间的同年之谊,毫不逊于李与其他淮军将领的同乡之谊,正是李鸿章将其提拔成自己左臂右膀之后,刘郇膏的名望在他生命的最后几年飙升到了顶点,升任布政使、巡抚,他更是成为上海人民心中的英雄。刘郇膏一家对上海确实有一种异于常人的情感,在战争最激烈的时候,他把自己的老母亲程太夫人接到城里;上海县志载:"母由省趣入城,曰:'吾入城,人心始定。'"当时的省城大约是苏州,程太夫人来到上海,也昭示刘郇膏誓守上海的决心。这位英雄的老母亲,于儿子事业顶点的同治五年(1866)去世,孝子"哀毁扶榇",在回老家奔丧守制时也去世了,时在同治五年十二月二十日。

三、迎 神 赛 会

公元 1879 年 9 月 13 日，清光绪五年农历七月廿七，正好是个周六，刘郇膏的入祀大典就在这天举行，这时距离他逝世已经十三年了。那次详细活动的报道，有赖一位叫麦克法兰（W. Macfarlane）的英国记者为英文《文汇报》（The Shanghai Mercury）所撰写的专题报道保留下来。那期英文报纸虽不易得，但麦克法兰的文章最后结集成册，书名是《上海租界及老城厢素描》（Sketcher in the Foreign Settlements and Native City of Shanghai），其中收入了这篇《和平之神刘郇膏的入祀》。这位西洋记者应该不怎么熟悉中国的追赠祭祀之法，他说"和平之神"是朝廷加封给刘郇膏的，翻遍相关记载似乎没有找一个如此温情的封号，而刘郇膏得到的其实是常见的"右都御史"的从一品虚衔，那个"和平"之号大约还是这位天真的英国人想象出来的。

不过，这位专业的记者依然对刘郇膏的生平了解得不少，他知道刘断案公正，作为一位文官系统培养的基层干部，却打赢过一次遭遇战。不过麦克法兰把刘郇膏的战绩记错了："他勇敢地带着一支军队前往浦东，与叛军的战争中赢得了胜利。"刘知县早年在嘉定平定叛乱确实取得了胜利，不过之后太平军东下，他统领乡勇来到浦东作战时却是铩羽而归，最后决定固守上海县城。刘逝世后"人们才意识到他的价值"，在皇帝敕封之后，刘郇膏得到一座属于自己的庙宇，"他热爱和平的精神将影响当地的官员和百姓"——鉴于这个"和平"头衔多半是记者想象出来的，这段记者的发挥今天读来就颇有些喜剧感。

不过麦克法兰也注意到，当地官员只选了一座西门附近的旧庙给到了刘郇膏。这座庙原来似乎叫"茅山殿"，殿中的茅山神因为某些事变得"名声狼藉"而被移到了别处殿宇，这座空下来的庙宇经过翻修，迎来了今天的主人。从《民国上海县续志》的记载中可以得知，这座刘公祠所用场所，确实是之前"封禁入官之万福宫"，封禁的原因今不易得知，而“万福宫”名与茅山主峰上“九霄万福宫”同，确实是道教茅山派的殿宇，麦克法兰倒是没有说错。

西洋人显然对入祀大典中的迎神赛会，尤其感兴趣，他用很长的篇幅记载自己与朋友一行，如何从新北门（今丽园路口）穿过城隍庙，来到了一条主干道，等待从老北门出城的游神队伍从租界的街道回到城中，然后随着拥挤的游行队伍一同来到城西的刘公祠。一路上，他记载自己看的景象：有道台部下盛装的骑兵队“愉快地骑在马鞍和笼头都经过装饰的小马身上”，步行者扛着写有神祇刘郇膏官衔的牌子，还有骑兵举着道台官牌通过，以及更多骑行、步行的人员，举着各种让他不可思议的道具：旗帜、宝剑、红伞、棍杖等等，麦克法兰尝试在短时间里弄清这场复杂的赛会的内在逻辑。但是他的描述似乎朝越来越夸张奇特的方向发展，比如他把这场入祀赛会比作伦敦的市长就职大游行（Lord's Mayor's Show），所以顺便把扮演神前开路的“刽子手”比作坐在大象上报道市长游行的解说员。

他还见到了一群更奇怪的人，都举着右臂，一直裸露到肘部，在手臂上挂着十二个铜钩，铜钩上有四股线，吊起一个大约有三十磅重的香炉：“这些人做着鬼脸，装作有某种超自然的力量在对抗地球引力，好像某种神仙托起了香炉的力量，铜钩并不能伤害他

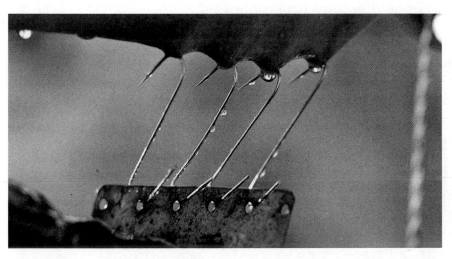

图 22 “扎肉提香”

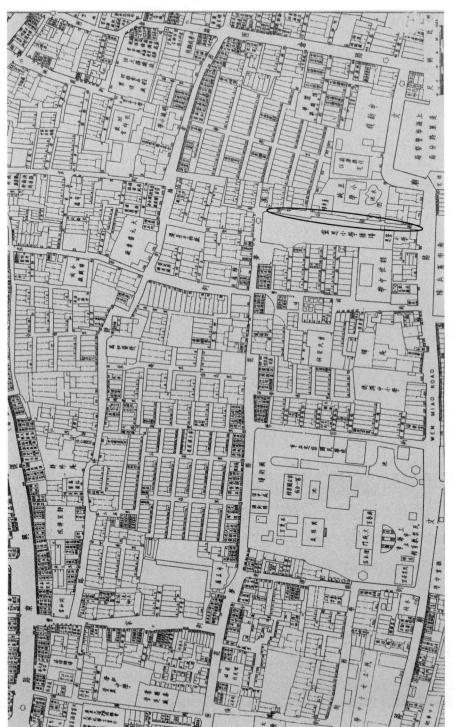

图 23 《上海百业指南》中"刘公祠街"部分

们。"这段记载非常真实生动，今天在上海周边的迎神赛会上表演，那就是迎神赛会中著名的"扎肉提香"，李天纲教授在《金泽：江南民间祭祀探源》一书中便探讨过其中的宗教学与社会学意义。

麦克法兰显然对上海县城中的道路非常反感，他在记载中不停地抱怨城内道路狭窄、拥挤、毫无方向感，所以他并没有给我留下这座刘公祠的具体位置。我们通过府县志，也仅知道刘公祠地近西门，具体位置仍然不易确认，不过好歹志书里告诉我们刘公祠离一座叫铎庵的小庙不远，刘郇膏的老上司吴煦身后的吴公祠，也在附近。翻检 1947 年出版的《上海百业指南》老地图，我们依稀能找到了刘公专祠的位置。

图 23 中"上海市市立民众教育馆"及其后的大成门等建筑群，即为今天上海文庙，庙前就是文庙路。文庙东"灵恩小学"东侧有"刘公祠街"，推测此街即为刘公祠范围，而刘公祠西隔着曹祠街即是铎庵，与县志记载同。因晚清民国时期大规模推行庙产兴学，原来属祭祀佛道的场所在近代多变为新式学堂，包括图中孔庙在内的信仰空间到了二十世纪中叶，都被学校取代，我们只能通过保留下来的街名来寻找旧日神祠的踪迹了。

刘郇膏专祠即为城内文庙西侧，另有多所别祠散布各处，除了静安寺外，引翔镇（今杨浦区）东、高行镇各有一处，但今不知何处，今浦东潮音庵中也供奉刘郇膏神像，当与高行镇的刘公庙有关。另有刘郇膏疏通漕河泾时设局的梵寿庵，也是刘公别祠。县志中仅知其在漕河北岸。根据本地人的回忆：前清时此庵门口前就是漕河泾的船码头，这与刘郇膏设局于此的记载正好相符。庵堂在 1965 年时被漕河泾镇"红旗编结社生产工场"侵占，"文革"中，被其对面的镀锌厂扩建成厂房连成一片（参见《故土余香——漕河泾镇回眸》）。据《漕河泾镇志》所载地图来看，梵寿庵正好就在镇中蒲汇塘与漕河泾的交汇口：

据《民国上海县志》记载晚清以后这座刘公别祠房屋将圮，漕河泾本地士绅唐锡瑞等于民国七年（1918）募款重建，除了供奉刘郇膏外，还合祀了前安徽巡抚、苏松太巡道沈秉成，袝祀前丹徒

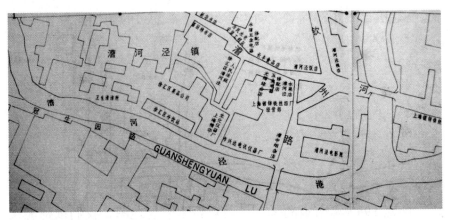

图 24　梵寿庵原址。最右侧文字部分即为"上海镀锌镁丝厂",当为原梵寿庵地址。

县训导唐锡荣。庵内西侧为刘公郁膏祠,庵后即宝山马孝女祠;孝女名翠姑,其妹巧姑曾在梵寿庵焚修,后人就庵后三清殿废址建祠。唐锡瑞之弟、县参事会参事员唐尊玮,曾于重修梵寿庵作《刘沈二公祠记》载:

> 上海县治繁剧,为三吴冠,当南北枢纽,江海要冲。自互市以来,东西各邦观瞻所系,清廷简授官吏,每选贤良任之。而吴中耆旧所传谓观察斯土者咸同,而后惟太康刘公、归安沈公,皆以名进士莅苏,本经术发为治术,文章道德先后耀映,而于小民生计所关,尤行之不遗余力。同治、宣统之邑乘,两公列入名宦传中,德星所照,殆亦非偶然耶。按志载,刘公郁膏知上海县事,大减折粮之赋,禁绝检验之需,修筑圩塘、疏浚河道、捐书院经费、练乡兵保城;沈公秉成任苏松太道,以邑境棉布利薄,从绅士唐广文锡荣议,树桑育蚕,并刊发《蚕桑辑要》一书,令家喻户晓。创诂经精舍、广方言馆,培养子弟兼习欧西文字,抚内驭外,悉中窍要。乃同堂共祀,以伸爱戴而隆报享,不可谓非民之无良也。而族兄广文公锡荣与刘办团治河,保全乡土,与沈课桑饲蚕,振兴实业,档册可考,吾乡父老啧啧称之,宜邦人士一再开具事实并胪列沈公政绩,请

于上海建立专祠，以广文公祔祀之。疏入报可，则是俯顺舆情矣。先是，里人建有刘公生祠，嗣经城绅建立专祠，有司岁祀。戊午之秋，伯兄于衡董其事，度地募捐，合建刘、沈两公祠于镇东，聿兴祀事，逾年工竣，嘱尊玮记其涯略。尊玮因广文公从祀事窃问之伯兄，曰："季弟前为县志采访员，今为省志征访员，不见诸志所载周、方二公祠中之顾从礼乎？"明嘉靖间，倭寇上海，从礼言于方公，筑城固守，得祔入祠。今广文公在籍在官，随同刘、沈两公擘画佐治，前后三十余年，不少倦，盖具造福桑梓有如此。《礼经》言曰："有功德于民则祀之。"古亦风微人往，流连凭吊，而感念不忘者。况两公政泽，吾身犹见及之，以视史册，度有汉之文翁礼教、倪宽辅渠，宋之张咏植桑、王洙均税，合之安石寓兵于农遗意，而何多让欤？若谓沧桑变迁，时势浮薄，世既没，事亦湮，奚必援来社石祠以为例，岂不大可慨乎？尊玮虽不佞，亦将泚笔而纪两公之贤劳、一乡之故实，以谂来者，于是乎书。

刘、沈这二位上海最高行政官员功绩虽多，但唐氏谨以"两公之贤劳、一乡之故实"为记，并古人"有功德于民则祀之"的精神，把江南感怀务实的古风，保留了下来。

四、外文文献中的上海与近代中国

除了《上海租界及老城厢素描》一书外，麦克法兰给报社的供稿还集成了另一本《上海周边地区概述及其他》（Sketches in and around Shanghai, etc），两书一并由上海社科院王健教授翻译，合为一册，收入与上海通志馆共同主编的《上海地方志外文文献丛书》出版。这本书中，不仅有让西洋人感到新奇的迎神赛会，还有更多值得学术界关注的信息，比如晚清上海华洋共治后产生的审判机构（《会审公廨》）、华界旧城的社会生活（《上海县城：街道、寺庙、监狱及园林》）、商业文化特色（《中英混杂的店招》），还有早期上海的教会、学堂、医院、图书馆、博物馆、工厂等各色单位，为我们展示出十九世纪末上海华洋杂处时代生动的第一手材料。

同时，因为语言、视角的不同，外文类上海史文献也享有其独特的研究价值，尤其这些不远万里来到中国的西洋记录者，尝试用各种他们所经历的元素，去比附他们所看到的陌生的东方文明。比如他在记载一次看戏的经历时，把戏曲奏乐中按节拍的鼓板，比作"黑人乐队中用骨头做成的乐器"，作用是放在"需要全力制造可怕的噪音时"，并且建议传统戏曲配乐不妨使用小提琴，如此种种有时不免让人莫名其妙（《中国戏院中的一次演出》）。不过总体来说，那些稀奇古怪的切入点，确实表现出一种全新的体验，而十九世纪末期开始完全融入全球化的上海，其鲜明的域外色彩值得学者们继续重视、发掘。

为了忘却的纪念：
一所近世上海的非著名寺院与其高僧法系

一些不知名的地方寺院，可能不经意间会与佛教史主流取得一些微妙的联系，即便那些庙宇很快不为人所记，但依然能留下有趣的线索，诱人不停追寻。上海郊外曾经就有一座有趣的小寺出现过几位重要的护法与大德，不要小看那座今天完全不为人知的寺庙，曾经却是上海佛教最接近明清近世佛教主流的地方。

上海青浦淀山湖东南今泖河的泖口、小蒸社区东侧，元明时代就有过一座小庵堂名"芦花庵"，尽管在府志、县志中出现过，但笔墨非常少，比较有代表性的如《正德松江府志》（1512）里的记载：

> （庵）在泖口，里大姓曹氏建，状其胜者，有"百二十里碧琉璃，三十六陂红菡萏"之句。

明代志书里大约仅有地点、营建者这么几笔信息，除了感觉元明时期淀山湖边有个曹姓家族外，就是"百二十里碧琉璃，三十六陂红菡萏"这句诗，虽不知作者，诗里的碧波（碧琉璃）、荷花（红菡萏）等景色，写得应该是寺外泖河，乃至淀山湖的景致。

这么简单的记载本来预示这座寺院会默默消失在方志记载之中，然而到了清乾嘉时代的志书中，这座小庵不但多了不少描写景致的文字，连营建者曹家人也"找到了"：竟然是元代著名山水画家曹知白。《乾隆青浦县志》（1788）中新出的材料来自一位寓居青浦大儒的日记。

被誉为清代"本朝纯儒第一"的平湖人陆陇其（1630—1692），辞官后长期住在青浦泖河一带，还在朱家角席家坐过馆，办过书院。陆夫子身后留下一部著名的《三鱼堂日记》，其中提到自己在康熙二十年（1681）六月廿二日那天从芦花庵寺僧处听闻的本寺旧闻：

> 泊小贞，借宿于芦花庵，庵临泖滨。僧睦怀，名心遗，曾在天目为玉林之徒，与谈天目之胜，甚悉。又云：此庵为杨铁崖隐居之所，其前为铁崖"濯足滩"，旧有"枕流阁"，铁崖题，中废，重建。又有"老铁亭"，今废，盖铁崖故居在小贞，而此庵则其所常往来者也。庵之名"芦花"，则陆平泉所题。又赵文敏、陶南村皆尝至小贞，而文敏之管夫人则小贞人也。盖元时小贞有曹云西者，富而好礼，故诸隐士皆依焉。

这位玉林国师弟子"睦怀心遗"禅师殊可注意，详下文。如果这位心遗禅师没有夸张的话，那这片淀山湖东南的小蒸（小贞）土地曾经群星云集。芦花庵曾经是元末大文豪杨维桢的隐居之所，庵堂里有多处与铁崖相关的元素，比如他"洗脚"的地方（濯足滩）、"瞌睡"的地方（枕流阁），甚至是回忆光辉岁月的地方（老铁亭）。不过心遗又说道，杨维桢其实家就在小蒸，此庵是他常来的地方，似乎也不甚谈得上"隐居"，最多就是别业而已。元代时候芦花庵的客人中，还有赵孟頫夫妇及陶宗仪等旅沪名人，而赵夫人管道升的籍贯，一说就是青浦小蒸。这些名流汇集于此的一个重要原因是小蒸一带住着位"富而好礼"的云西先生曹知白，他是元代最重要的山水画大家之一。大约是曹大师的名望与慷慨，周边的胜流愿意聚集在他的身边。但早在曹知白、杨维桢时代，这座庵堂的名字似乎没有存下，这个拙朴的"芦花"之名是另一位明代青浦本地明贤陆树声（1509—1605）所起的。

《三鱼堂日记》中的文字，被修志的学者放进了后出的方志中，也就使清人传记中反而更为丰富精彩，不过可能有些攀附发挥过度的痕迹，清人志书中把前人记载中营建者的"大姓曹氏"直接换成了曹知白本人，把连陆陇其也没见过的杨维桢遗迹，也悉数列上，还附上青浦本地诗人徐艿坡《同曹珊宿芦花庵》诗四首。不过总有一种感觉，这座芦花庵的历史到清代被刻意地层累了一次，这大概与《乾隆青浦县志》修撰者中有王昶这样的大学者有关。

到了《民国青浦县续志》（1933）中，芦花庵的信息似乎有丰富了许多，比如这里不仅有杨维桢隐居，还攀附上了上海历史上最早的高僧行迹：芦花庵边有一处叫"小钓滩"的地方，唐代船子和尚就在那儿垂钓。捕捞水产自然属于杀生，但船子和尚其实是直钩钓鱼，意在修道；他收了个得意弟子善会时曾说："每日直钩钓鱼，今日钓得一个。"船子和尚法名德诚，原籍遂宁（今属四川），俗姓和生卒年皆不详，仅知他早年出家，前半生一直在湖南朗州药山，从禅宗宗师石头希迁的高足惟俨禅师（749—828）学禅法，他老师最著名的公案是在别人问法时回答的一句"云在青天水在瓶"。船子和尚中年以后驻锡华亭朱泾（今上海金山区）。唐代华亭水网密集，据说船子和尚常乘小船，来往于上海各河泾之间，作垂钓状，当然也包括在泖河边芦花庵一带，这样的生活约在唐文宗到宣宗之间，即公元830年至850年或稍后。

《民国青浦县续志》的记载取材的是明清之际松江府亭林文人吴骐《芦花庵记》。吴骐（1620—1695），字日千，号铠龙、铁崖、九峰遗黎、培桂桂斋主等，明末清初遗民诗人，华亭望河泾（今金山亭林）人，崇祯时诸生，诗文受知于几社领袖松江陈子龙、夏允彝，明亡后绝意仕进，自号"九峰遗黎"，以遗民终老。这篇《芦花庵记》意义不仅在于建立庵堂与船子大师间的联系，文中有关寺院当代的掌故可能更有价值：

芦花庵去洙泾约四十里。洙泾在泖南，芦花庵在泖北，一水浩淼，洲渚丛杂。唐会昌时，船子诚禅师隐于洙泾，寄迹钓舟，吟咏传于世者数十篇。其一篇云："二十余年海上游，水清鱼见不吞钩。钓竿斫尽重栽竹，不计工程得便休。"时泛一叶随风去留，喜斯地僻处水中，不与阛阓接连，恒来憩息，人称为"船子小钓滩"。后洙泾建船子道场，金碧照耀，而小钓滩不过芦苇十二亩而已。元世，贞溪大姓曹云西，博学好古，惧旧迹湮没，始建庵于洲上，颜曰"芦花庵"。非惟目前真景，兼取"西来一苇"之义。水陆四围多种芙蓉，时延高衲，偕隐逸杨铁崖、陶九成诸君，结青松社，咏斯庵之胜，郡乘及《贞溪编》皆载之。明初更版籍，法令严峻，独斯庵与澄照塔院俱在水中，贤守令恐大浸之岁，出没不常，遂不起科。盖蠲十二亩微细之税，以彰朝廷广大之德。金汤佛法，甚盛心也。

前此住持僧名号、行事俱莫可考。隆万间，德腊著者有大随，镇天竺，秀鹫峰，登梵因，本相继有声。明季大乱，庵以颓废。有静心印禅师，中年出家，苦行精密，二十余年，堂构鼎新，钟鼓复振，庵以中兴。师家世业渔，一变至道，人以比玄沙焉。传嗣曰止岩然，十九出家，二十九受具于嘉兴东塔雪峤老人，专心净土，足不越阃者三十年。弟子二：长曰唯闻原，原度一弟子守庵，而身隐别峰老焉。次曰睦怀靖，其母娠靖时辄厌荤茹素，以此知其有宿因。生而聪敏，十岁出家，二十五受具于金粟忞山翁。二十八入天目大觉之室，巾瓶左右，九阅寒暑，记录法语，虽数千言，如器贮水，无有遗漏。大觉爱重之，几几乎能仁之庆喜矣。一日辞归省母，大觉嘱曰："子福不逮慧，宜养晦自重，坚持愿力，始待来生出世。"靖恪守师训，终身不渝。其守庵法侄曰鸿恺荫，自幼出家，年二十受具于邓尉剖石和尚。靖出游十年而归，见香灯煌然，众务修业，甚叹荫之不易得也。靖弟子二：长曰幻贯定，器宇不凡。时翔凤山灵机观和尚道风峻洁，最为大觉所器重。靖使往从学，遂受嘱付。次曰绍先本，诚实朴厚，与鸿恺荫互相仔肩，辅弼祖席，规仪整肃，四众瞻仰。盖自印师中兴后，胤嗣贤能，戒律精整，虽祁寒酷暑，礼诵无辍，四十余年如一日矣。计自船子游憩后距今八百余年，建庵后历元明至本朝将四百年矣。

　　吴骐文章秀丽，联想丰富，但似乎于本地掌故的采撷有牵强附会之嫌，青浦芦花庵离金山朱泾二十公里，再喜欢"僻处水中，不与阛阓接连"的船子和尚，也不至于"恒来憩息"，这么看芦花庵与船子间，至多是流传的本地传说。接下来曹知白与芦花庵关系，似乎也不应该是吴骐所说的"惧旧迹湮没"，担心船子在青浦的旧迹湮没不彰，而且明代志书已经说了庵名出自陆树声之手，陆氏本就是嘉万朝人，修志者的记载当可信。

　　不过提到近代掌故时，吴骐显然更有说服力。文中提到，明代前期的住持僧人已经不得而知，一直到隆庆、万历年间，出现了一位"大随"大师，兴复芦花庵，但不出百年明季兵乱，这里又破败了，之后有一位中年出家的"静心印禅师"，在清初重新修复旧庵堂。这里涉及一个旧志中的悬案。遍查青浦旧志，对这位大随僧人的记载颇不统一：《万历志》（1597）说他是"今人"；《乾隆志》（1788）、《光绪志》（1879）说他参与了顺治三年的修寺，此处民国续志似乎又推翻前志之说。此处当以最早所出万历初为准，而吴骐记载可供旁证，大随大师即便再高寿，也不易逾百年之龄，更何况活到顺治三年主持兴复旧庵这种大工程？乾隆诸志中可能就是将吴骐提到的"静心"禅师，与大随禅师相混淆所致。

　　吴骐对静心禅师评价很高，不仅新创殿堂，而且"苦行精密二十余年"。更有一点，静心禅师出家前是捕鱼为生，所以禅师出家后，世人将其比作另一位业渔而出家的唐代高僧"玄沙"大师；在芦花庵这里，静心业渔似乎与船子和尚的胜迹，也相去不远了。静心禅师有一位弟子，名字叫"止岩然"，"止岩"禅师开始，师承法脉就变得出名起来。

　　明清僧人社会生活中，受戒座师与皈依师，通常不是一位高僧，一位僧人常出现多位老师情况很多。就芦花庵僧众来看，寺内法系是皈依师一系。但他们分别都有各自的受戒、从学的著名高僧老师，因佛教制度的复杂性，兹不铺开讨论，仅略述其中出现的重要的高僧。

　　止岩禅师十九岁出家，十年后在嘉兴城东塔寺著名高僧雪峤圆信（1570—1647）座下，受具足戒，专修净土法门，据说与慧远大师那般"足不越阃者三十年"。这位雪峤大师的高足，再传两位弟子，大徒弟叫"唯闻原"，二徒弟叫"睦怀靖"。大徒弟唯闻原禅师记载不多，只知道他收了个弟子守芦花庵，自己"身隐别峰"，避世修行去了。而那位二徒弟睦怀禅师的师承，较他的老师止岩禅师更为显赫。

这位睦怀禅师，就是前引《三鱼堂日记》中招待陆陇其的睦怀心遗，他之所以出名就是因为做过玉林国师的弟子。据说睦怀禅师的母亲在怀上他的时候，就"厌荤茹素"，是知道腹中孩子有出家的宿因。睦怀年幼时即聪敏非常，十岁出家，二十五岁时在海盐金粟寺受具足戒，座师"忞山翁"就是日后顺治朝著名的大国师木陈道忞（1596—1674）。二十八岁那年，睦怀入"天目大觉"门下，这位"大觉"禅师就是另一位顺治朝的大国师玉林通琇（1614—1675）。据说他深得玉林国师信任，在国师身边执侍巾瓶达九年之久，曾记录玉林国师法语数千言，"如器贮水，无有遗漏"。后来睦怀禅师要奉养母亲，与国师告别，玉林禅师祝福他坚持修行，以后会有大福报："子福不逮慧，宜养晦自重，坚持愿力，始待来生出世。"睦怀禅师恪守师训，终身不渝。

再说睦怀禅师师兄座下那位守庵的弟子，也就是睦怀的法侄"鸿恺荫"，其座师也不得了。鸿恺禅师自幼出家，二十岁那年在邓尉山圣恩寺剖石弘璧（1598—1669）处受的具足戒，剖石禅师是三峰派汉月法藏弟子，乃三峰派重要僧人。睦怀禅师出游玉林国师门下，十年而归，看到芦花庵香灯煌然，众务修业，对鸿恺法侄的能力赞叹不已。

睦怀禅师自己有两位徒弟，大弟子叫"幻贯定"，二弟子叫"绍先本"，师兄弟俩风格迥异。师兄幻贯禅师，器宇轩然，有不凡之气。玉林国师有位得意弟子"灵机观"禅师，是睦怀的师兄弟，据说"道风峻洁"，睦怀就让自己的大弟子去跟灵机禅师学法，遂得了灵机衣钵。二徒弟绍先禅师的名字保留下来，据此文跋，知名为"普本"。普本和尚与师兄不同，他诚实朴厚，而且是位"管理型"人才，他与师兄弟鸿恺禅师相互配合，"辅弼祖席"，把庵堂管理得很不错，所谓"规仪整肃，四众瞻仰"，使本庵在清初成为青浦重要的佛教寺院，得到士大夫如吴骐的高度嘉奖。绍先普本活到康熙末年，也就是吴骐碑文被芦花庵刻出的时候。他在碑文后写了篇跋文，提到自己"从先师法乳托迹兹庵者六十余年"，先师就是睦怀禅师，推算下来，他在顺治年间就在芦花庵跟随睦怀禅师了。康熙末年的绍先普本，年龄应该在八十岁上下，这在当时绝对是高寿了，他放手寺务后，芦花庵事务一应交给自己的法孙，据之后的跋文来看，那位新住持的名字叫"日严（嚴）"（杨瑄跋文作"尔銮岩［巖］公"，即为此人，今从其法祖），号尔銮。地方志书中不易找到这位日严和尚的事迹，不过仅从他发起刻碑得到僧俗前辈的响应来看，应该也是法泽一方的高僧。

吴骐以为，自清初静心禅师中兴芦花庵后，历代法嗣贤能做到戒律精整，比如不论严寒酷暑，坚持礼诵无辍，四十余年如一日，可见芦花庵宗风严肃，足以上追船子和尚等先贤大德。吴骐此文，后被琢于碑版立于庵中，并有三人的跋文，分别是此碑的书写者杨瑄、本地曹氏后人曹建中及当时寺院的负责人绍先普本禅师。书丹的杨瑄与吴骐一样，也是华亭金山人，康熙十五年（1676）联捷进士，官至内阁学士，但一生官场起伏，屡因文字狱、立太子等事端遭到夺职或流放，最终因曾支持皇八子胤禩被上位的雍正帝流放黑龙江，死于戍所。据杨瑄自述，他曾在三十六年前边抄下吴骐这片碑文，想来他于吴公已是晚辈，而立碑的时间据曹家后人记为"康熙壬寅"，圣祖高寿，所以康熙朝有两个"壬寅"，一个是康熙元年壬寅（1662），另一个就是康熙最后一年：六十一年壬寅（1722），跋文中既然已经提到杨瑄是"阁学"了，那此碑当然就是康熙末年所立了。是年过后，杨瑄即遭新主严惩，不复此等禅悦佳事，不免让人心生凄恻。

杨瑄提到当时庵中主事"尔銮岩"禅师安排这次刻石纪念活动，请了三位仁公略赘数语，杨瑄文中记载康熙年间的芦花庵"故迹未湮"，"云水萧闲，丈室依然，香灯不改，历四百年如一日"，当日芦花庵承接船子和尚遗风不辍，其中最大的护持就是小蒸的本地护法曹氏家族，据说曹家曾动员同乡，输捐庵堂附近田产"一供斋厨，一营忏事"，帮助芦花庵日常运营。每年中元节，都会有法会佛事，供人顶礼膜拜，所谓"上报重恩，世出世间"，做到周遍圆融，皆有兼顾。大护法曹建中的跋文里提到自己是曹知白的十八世孙，自然而然地把芦花庵与自己的高祖联系到了一起，同时应该就是由他发起，给芦花庵捐了一片田地，用于每年中元节庵中的重要活动盂兰盆会"报荐亲恩，供养僧众"（普本跋文），他的名字也得以勒石流传。

再来梳理下芦花庵明初僧众的谱系：

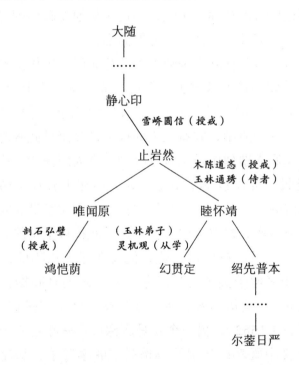

从法系上看，这座微不足道的上海郊区小庵，与清初最得重兴的临济宗竟然颇为亲近。止岩和尚受戒师雪峤圆信，为幻有正传弟子，笑岩德宝法系；玉林通琇出自天隐圆修门下，木陈道忞则是密云圆悟门下，正好同是幻有禅师法孙辈。剖石弘璧的老师汉月法藏，名义上也是密云圆悟的弟子，曾经还是首座，但后来师门龃齬，自立门派。这条明清之际的临济宗法系与芦花庵法系在辈分上完全吻合，可证此系记载的真实性。而这其中，玉林与木陈二位国师在顺治朝颇得世祖重视，不仅为清政府笼络江南士大夫的手段之一，而且是宫廷信仰生活重要的实践者，顺治皇帝宠妃董鄂妃火葬仪式，就是由此一系僧人完成。而芦花庵中睦怀禅师曾长期跟随玉林作为侍者，尚待其他文献更多材料佐证，便能还原被忽略的清初上海一系高僧团体。

云翔寺与它的护法们

一

云翔寺，最早相传南朝萧梁时便有，先后有"南翔禅院""白鹤南翔寺""南翔讲寺"等名；康熙三十九年（1700）改称"云翔寺"，至今沿用。南翔镇也因寺成镇，于元代时已非常繁荣。

相传，南朝梁武帝天监年间（502—519），南翔当地百姓从地下挖出一块直径丈许的石头，常常有两只仙鹤栖息其上。德齐法师见后便在此处修建寺庙，和弟子们聚居于此。但凡仙鹤飞的方向，总有善男信女前来布施。待到寺庙建成（一说是德齐法师圆寂），白鹤翩跹飞往南方，一去不返。寺庙因此得名"南翔"，此地也遂以"南翔"称。在后来诸多地方文献，包括现存正德四年（1509）嘉定地区的第一部地方志《练川图记》中，都记载着南翔寺的这一传说。奇闻异事固不可确信，但寺庙初创时间及其开山祖师，大抵是其时确有其人，遂有后来的神化附会。

经年累月，南翔寺逐渐衰落，直至唐开成四年（839）复重建。据编修于唐宋间的《吴地记·后集》中载："南祥禅院，在县（吴县，今苏州市附近）东一百十里，唐开成四年置。"今天犹存于南翔古猗园的唐代经幢，上刻有"置院老僧行齐，院主僧文俦"等字，前后关联可推测：开成四年，大约是这位行齐禅师重新创建了南翔寺。然而，重建不久，唐武宗便发动了"会昌灭佛"。乾符年间（874—879），行齐禅师曾化缘募资，重修南翔寺。我们或可猜测，在前次声势浩大的灭佛运动中，南翔寺恐怕也未能幸免。在日后本地居士护法们的鼎力相助下，最终唐代南翔寺扩建至一百八十余亩，僧徒七百余人。寺中有八景：梁朝井、齐师鹤、博望槎、鹤迹石、祯明桧、望鹤楼、经幢石、九品观，闻名遐迩，盛极一时。

宋建国初，吴县知县罗处约在任上曾撰写过一本《吴郡图经》，虽已失佚，但其中段落还能散见于苏松二府的地方文献中。这本《图经》中有一句"光化二年，行齐禅师复庵于兵烬旧址"，由此可知在光化二年（899）之前，南翔寺一度毁于战火，应是唐末军阀混战与农民起义所致。从开成建寺至光化复庵，前后历经六十年，行齐禅师始终辛苦经营。相传行齐初创业时，又有两只白鹤飞至此处，而行齐圆寂之前，对白鹤说："吾事毕矣，随汝所往。"白鹤遂应声飞去，不久行齐亦逝。后人在石头上留下一首诗："白鹤南翔去不归，惟留真迹在名基。可怜后代空王子，不绝薰修享二时。"这故事是不是听起来很熟悉？唐末五代的行齐与梁天监时的创建寺院德齐，虽相隔数百年，但分享了云翔寺的创寺神话。

南宋时，南翔寺曾受皇恩泽沐。宋理宗绍定年间（1228—1233，一说端平间，1234—1236），更有丞相郑清之为寺院书写匾额，香火繁盛一时。宋末兵荒马乱，南翔寺遭到破坏。又值饥荒连年，乡民或死或迁，寺庙产值不足以供养众僧。加之动荡时局之中，地方士绅豪门自顾不暇，吝于施舍，南翔寺又一次败落。直到元至元二十八年（1291）时，南翔寺已是满目疮痍，据说连穷苦人家尚有的闭户门窗也已不存；堂堂一方古刹竟沦落如此，让人不胜唏嘘。当时有位高僧良珣，念及云翔破败，决意秉承其师了融禅师的志愿，重振南翔寺。良珣开山建林，疏通河流，修筑道路，不出数年，南翔寺及周边逐渐恢复生机。良珣又与他的大弟子即翁和尚四方化缘，筹措檀施；又出售寺院田地所产粮食以增加收入。经过多年整治，寺院支出大大减少，而收入却成倍增加。良珣圆寂后的泰定二年（1325），即翁禅师接任住持，他在寺院管理上进一步兴利除弊，寺中庙宇、经幢、廊庑都一一得到修缮；但待要重建大雄宝殿，无奈力不从心，不得不抱憾而终。至顺二年（1331），即翁的徒弟昙证以及徒孙普现、普基、普传、道印等人，继承先师遗志，修建大雄宝殿。众僧尽出所有，并且四处化缘，两年后（即1333年，元统元年）总算完成这项工程，共计耗资三十万贯钱。新修的大雄宝殿气宇巍然，比旧殿高出三分之一，当时佛教场所应当具备的设施在殿内配备齐全。自了融以下，共经五代人近半个世纪的辛苦经营，南翔寺终于得以重兴。由于僧徒众多，大德元年（1297），良珣在南翔寺东一里处兴建万寿寺，大德十一年（1307）建成；泰定四年（1327）良珣之弟子义荣于万寿寺西南五里处建造万安寺。从此南翔镇三大寺院鼎立，为东南吴地之壮观。

元明之间，南翔寺时有圮废，在寺中僧侣的支撑和各地施主的捐助下，寺庙尚可维持。然明代赋役繁重，寺田每年要往京中运输粮食九万石，寺中僧侣深感难堪重负。成化年间（1465—1487），寺僧金永祯将此苦楚上疏于朝廷，恳请免除寺院赋税。朝廷知晓此事，下令地方勘察结报。不久，徭役被免除，然而，赋税却未能减免，因此寺院状况未得太多好转。到了万历初年，南翔寺已破败非常，外受风吹雨打，内遭蠹蛀虫蚀，寺中佛像也多被损坏。当时有一安徽歙县的商人任良佑寓居于南翔，此人曾经遭遇风浪而幸免于难，他将此造化归功于佛祖神明，故而心存感念，自愿出资二千金重修南翔寺。万历四十五年至四十七年（1617—1619），在性忍、海澄等僧人与当地居士、"嘉定四先生"之一的李流芳筹划下，募资建盖了些许堂屋庑房。崇祯时（1628—1644），朝廷推行均田役之令。县令万任遵循体恤寺僧，仍旧遵循前朝旧例，免去他们的徭役。又有黄养峰、戴百美、王碧山、金靖宇等乡人，每人捐赠二三百金，帮助海澄重修了寺庙。然而，长期繁重的苛捐杂税导致南翔寺僧徒流徙严重，剩下的僧人为了缴纳税收不得不变卖寺产。自唐代起，南翔寺历经数代，在一百八十余亩的基础上不断扩建。然而，随着明代的不断弃卖，到了明末，寺基仅剩下一百亩有零。

顺治四年（1647），江南粮道王愫及嘉定县令唐瑾，力求江苏巡抚免除僧人赋税，此请得到允准。又幸得乡民资助，顺治年间（1644—1662），慧默法师带领众僧陆续重修了观音殿、弥陀殿、长忏观堂等处，衰颓多年的南翔寺渐呈复兴之状。康熙三十二年（1693），寺僧隐璧在安徽商人方知鲤的捐助下，复修大雄宝殿及大悲阁。康熙三十九年，清圣祖御笔赐额"云翔寺"，千年古刹也就此更名。雍乾年间，云翔寺数度失火，房屋和经籍都遭遇重创。

嘉庆二年（1797），宗唯法师率领弟子皋云等募资修庙，里人李桐园带头捐助重资，乡间善信随后纷纷踊跃捐献，一年间募集善款二千四百金有余。乾嘉学术大儒钱大昕曾为此做记。咸丰、同治间（1831—1874），兵祸连年。咸丰十年（1860），李秀成率太平军攻入嘉定，占据南翔。此后两年间多次与清军在此交战，全镇几乎被夷为平地，仅剩下十多间矮房，云翔寺亦是一片废墟。光绪以后，云翔寺的废址渐渐为街市和工厂所取代。

到了民国初年，寺基仅剩下三十余亩。这些残余的寺基，或用于开办新式学校，如翔公小学、苏民中学等；或为当地豪绅购买，用于建盖私家园林、开设茶楼乃至赌场。而作为佛寺的云翔寺，仅剩下留在海会堂、翠云堂中的少数佛僧以及复建的三小间观音殿。1934年，当地居士姚明辉和莲云、妙性等僧人募资重修了九品观中的普同塔。第二年，又发起成立南翔佛学会和嘉定佛学会，并在寺中重新开始供奉释迦牟尼金身，定期聚集僧侣信众礼佛讲经。抗战爆发后，寺院又一次毁于兵火。到解放前夕，云翔寺仅剩下小僧一名，以出租几间寺房为生。解放后由于土地改革，僧人还俗，云翔寺残基作于他用。今之云翔寺移至故址西重建，而寺院建制继承了市区迁来的晚清名刹留云禅寺。云翔寺历经千年，昔年旧物风貌皆不复存在；今仅存五代砖塔两座、梁朝井两口、枫杨若干株以及香花桥一座。唐代经幢两座和南宋普同塔皆已移至附近的古猗园中。

二

在云翔寺兴衰起落的过程中，有一个很有趣的现象——虽然这是佛教寺庙，但秉承主流儒家思想的士大夫群体却与之关系密切。县令主持修寺、儒生撰写碑记等，这些已不足为怪。到了明清年间，士人在云翔寺更上升到了"护持"的地位——云翔寺曾经把本地士大夫的塑像，以"护法"的身份，竖立在大雄宝殿的两庑，供人祭祀。过去江南的佛教寺庙，并不如现在这样单纯，常有把民间信仰的"老爷"（如杨爷、刘爷、金爷、城隍爷等）请进来，或设为专殿，或搬进大殿。但是，把本地士绅的塑像、画像请进大殿，当做神明，完全没有儒、道、佛的界限，还是很少见到。

"云翔寺大雄殿庑，明时塑护法诸绅士，如莫少卿、周文襄公忱、任良佑氏像俱在。自后净因堂及大德寺七佛阁，则绘像为轴，明四先生迄今凡二十余轴。每岁履端，寺僧启诵《华严经》以祝檀越，张像于佛之侧，前贤謦欬，庶几遇之。"这段话见于乾隆年间南翔镇人张承先原著、嘉庆年间程攸熙又加修订的《南翔镇志》。我们可以从中得知，直到清嘉庆年间（1796—1820），云翔寺众僧仍然把莫少卿、周忱、任良佑等乡邦明贤的塑像供在大雄宝殿内；"嘉定四先生"程嘉燧、唐时升、李流芳、娄坚的画像，则供在净因堂。另外，同镇始建于元代的大德寺七佛阁内，也供奉"嘉定四先生"，可见南翔人对这四位"护法"儒生确是非常尊崇。

云翔寺在唐代和明初两次重大修复，也都是由儒家士大夫帮助完成的。钱大昕在《重修敕赐云翔寺大雄殿记》所说："创寺以来，缮修不一。最著者，唐则莫少卿氏，前明正统间则周文襄公忱。"

莫少卿，唐代咸通、乾符年间的南翔镇人莫衍，"少卿"像是字，也像官名，应是位本地比较重要的士大夫；前文提及的南翔两座著名的尊胜陀罗尼经幢石，便是由他捐施，曾分置于大殿东西两侧。关于这两座经幢石的建造年月有两种说法。嘉庆《南翔镇志》中载，两座经幢"始于唐咸通八年（867），至乾符二年（875）幢成"。但乾嘉学者钱大昕在其所编《潜研堂金石文跋尾》中则写道，这两座经幢上的铭文中分别明确记录了建成时间："一立于咸通八年十二月，一立于乾符二年八月。"但无论两座经幢石同时建造，还是先后建造，都出自少卿莫衍之手无疑。更值得一提的是，"会昌灭佛"之后的那次云翔寺重建中，莫少卿更捐赠出自己的宅第，供寺院开拓地基。可见在云翔寺初建的过程中莫少卿的地位之重。

而与莫少卿相提并论的周忱，是明初江西吉永人，永乐二年

（1404）进士，死谥为"文襄"，故后人尊称"周文襄公"。周忱在江南地区功绩卓著，尤其是他在巡抚江南期间制定的诸多财税改革方案，最是为人称道，当地百姓受益匪浅。周忱生前百姓就为其修建生祠，身后的纪念场所在明清两代更是绵延不断。正统间（1436—1449），周忱巡视嘉定时曾自掏腰包，出资万金，同时在收税时每户多加了一斗米，供养云翔寺，终于使得一度荒废的南翔寺恢复旧貌。万历元年（1573），任良佑在捐资重修大雄宝殿时，将莫少卿、周忱的塑像放进了殿里。到后来，任氏自己的塑像也挤了进去，颇有点搭"护法"便车的意思。

《南翔镇志》中提到，明清时云翔寺供奉"护法"的形式，以"绘像"为主。至多时，云翔寺净因堂中就供奉了二十几位护法，其中以"嘉定四先生"最有代表，"四先生"为唐时升（1551—1636）、程嘉燧（1565—1643）、李流芳（1575—1629）和娄坚（1567—1631），是万历年间江南文坛的有生力量。此四人的功名都不高，仅为举人，但因诗文颇有特色，友朋众多而饮誉江南。他们常常聚在嘉定龚氏园（秋霞圃）、梅园（唐时升居）和南翔檀园（李流芳居）等处创作宴集，曾刻有《四先生合集》传世。四先生们兼擅诗、文、书、画诸品，尤以南翔镇人李流芳为神品；沈德潜《明诗别裁》曾谓"嘉定四君中，以檀园为上，虽渐染习气，而风骨自高，不能掩其性情"。钱谦益则推老搭档程嘉燧为"一代诗宗"，大概他自己署名的《列朝诗集》真的有老朋友捉的刀。南翔人当然是更引李流芳为骄傲的，把他和他的朋友们画了像，放在家乡最重要的云翔寺里面来供奉，让他们和佛陀一起受香火和香客的祭拜。

三

在佛寺中供奉士大夫的塑像及画像，确实是一个值得讨论的现象。我们不难看出，传统的佛教寺院其实并没有严格的"儒、释、道"三教区分，儒门中人一样可以在佛寺中享受供奉。现在把儒、道、佛区分为三种"宗教"，儒家祠祀的"人鬼"就不可能出现在佛教寺庙里面了，这是"传统宗教"与"现代宗教"的区别所在。此外，万历年间的儒学运动出现过"三教合一"的主张。林兆恩（1517—1598，莆田人）创立了"三一教"，李贽（1527—1602，泉州人）则发动过"狂禅"。长期以来，儒、释、道三教在儒家士大夫的内外二元世界中发挥着不同的作用，士人在现实世界的秩序规范以外，在自己的内心世界往往"归佛""归道"，这样的故事屡见不鲜。然而，像嘉定云翔寺这样，于佛教的正殿大堂中堂而皇之地"容儒"，却着实少见。这种现象的背后，也许不仅仅是士大夫群体对佛教教义的认同，我们或许可以猜测，寺庙"儒家化"的情况意味着他们在佛教界掌握了相当一部分话语权。

通过对《上海府县旧志》中相关文献的考察，我们进一步发现，这种"异教同堂"的情况在但在嘉定县、松江府并非孤例。甚至我们将视野放宽到整个江南地区，这种现象也是一致的：江南士大夫们很少将佛道视作"异端"，反而趋之若鹜，更想登堂入室。如《南翔镇志》所说："后之视今，犹今之视昔，当亦我儒之所许也。"按儒教制度，死后能够在文庙有一席之地并非易事。文庙之祀奉以孔子为尊，第一等"配享"人：复圣颜回、宗圣曾参、述圣孔伋、亚圣孟轲；第二等"配祀"通称"十二哲"：闵损、冉耕、冉雍、宰予、端木赐、冉求、仲由、言偃、卜商、颛孙师、有若、朱熹，除了朱熹外，皆是孔子门生；第三等"从祀"多为明德修道、建功立业的先贤及先儒，位列其中的人物自先秦至清代有一百多人。便是王阳明这样等级的大儒，也仅能跻身"从祀"之列。这种超高标准的筛选制度，对于一心想名垂后世的士大夫而言未免太过严苛。

相比之下，在佛教和道教场所中求得一席之位，就要容易很多。寺观往往有相对较高的自主权，也比较方便接纳地方神祇，而且多能听从民意。那些生前有功于寺观，死后不断显灵的"檀越""大德""护法""居士"们，都可以在此塑像、画像，供奉在寺中各内殿。明清时期的佛教、道教的非官方特质使这两种宗教能够更便捷地接近儒家士大夫。儒家士大夫或是自觉参透了真谛，或是厌倦了政治、无心官场，对仕途经济失去了兴趣，索性回到乡镇，与僧侣、道士频繁往来，坐而论道，诗词唱和，书画互赠，以此远离尘嚣，怡情养性。我们可以说这造成了明清江南寺观"儒家化"，同时换个角度，也可以认为这是儒家士人"佛道化"或是"信仰多元化"的表现。

除了士大夫与佛教的紧密关系之外，对于明清两代云翔寺还有一点值得注意：虽然儒家士大夫们在寺中享受供奉，但"塑像""绘像"这类行为通常是佛教和道教的主张，而儒家是禁止立像的。儒教祭祀时，立的是圣贤排位，譬如孔子牌位上的封号是"大成至圣文宣王"，但从未以人像祭祀。今天各地孔庙大成殿修复时，都竖立孔子雕像，其实这是违反明清祭祀制度的。如今也只有台南、台北的孔庙仍然保持原来的牌位制度。

万历年间，佛教宗派以禅宗和净土宗流行最广，法相宗则以唯识学说兴起也得到些许复兴。其中禅宗重顿悟，法相重名理，似都不太注重塑像；据说净土宗有些不同，净土法门修行中有一种是"观像"，特别重视立像；神宗生母慈圣皇太后还曾绘己像分发天下名山。万历年间，新来的天主教批评佛教、道教为"偶像崇拜"。其实，佛教拜像，并不是拜此偶像，或认为依此土木偶像的牵引就能成佛。净土宗强调画像、塑像，只是将此作为念佛的方便法门，信徒在心里念佛，空想无根，心境上一片茫然，不太容易固着，也是无益，因此才需要有像。默想此像，只是帮助信徒联想到往生之处的彼岸，而并不是认为此像就是神明。

万历年间的云翔寺确属禅净兼修，南翔镇的护法居士们与净土宗风应该非常亲近，与当时的"四大师"之一的云栖袾宏（1535—1615）有直接或间接交往，按李流芳《重修九品观弥陀殿缘起》中称："余辈奉云栖之教，皈心净土。"李流芳曾经去杭州云栖寺修行，曾亲灸云栖大师之学。同时还有净土僧如古松、夜台、友谷等法师，一度慕名而来，集聚南翔，共谋佛教复兴。从这些原因来看，李流芳等"嘉定四先生"被云翔等寺画像供奉，绝非偶然。圣严法师（1930—2009）在《明末佛教研究》一书中，概括了万历年间净土宗修行得道、往生净土的方法，细分为"称名""观像""观想""实相"四种。"称名"，就是称佛名，念"南无阿弥陀佛"；"观像"，就是观佛像，默想佛陀的仁慈形象。如此，则能"观想"净土世界，达成"真如实相"，最后能往生西方，与佛陀会合。"观像""塑像"，对于净土宗的信仰是非常重要的，仅次于"称名"。也正是这个原因，士大夫和一般儒生、儒商都愿意赞助寺庙建设，充当"护法""居士"，在殿堂之上留名、留像。

关于佛教中的"立像"，还有一则当代典故也颇有些意思。有一年，台湾星云法师来上海，提起佛光山的创办经历时说，建造初期就是靠给台湾工商界人士画像，在内殿悬挂，因而起家。可见，"立像"是宗教信仰中一个非常重要的手段。而这些士大夫、儒生、官员、商人作为"护法"，无论古今，被供在殿堂，都可以看作是某种身份上的归属。

大德万寿寺

在今天上海市嘉定区南翔镇东市，和平街与民主街之间的走马塘上，横跨着一座南北走向的石座水泥梁桥。镇上人习惯叫它"大德寺桥"。曾经与云翔寺和泰定万安寺并称为"南翔三大寺庙"的大德万寿寺，就位于桥之北首。

大德万寿寺与云翔寺关系密切，它建于元大德元年（1297），良珣法师募建。良珣俗姓朱，年少时即在南翔寺出家，拜高僧了融为师。南翔寺建于南朝萧梁，至元代大盛，僧侣众多。良珣为弘扬佛法，广泽众生，遂私出钱财，在南翔寺东一里处建盖寺庙。大德十一年（1307），寺庙建成，以其建于大德年间，且良珣愿"一人以大德为心，四海以万寿为祝"，故定名为大德万寿寺。

万寿寺地基百亩，四周绕河，河流西溯太湖，东奔大海。入山门，东侧有钟楼和藏经楼，两边廊室众多，不可胜数。两侧殿宇相对，东边供奉观音，旁边是厨房和库楼；右边供奉无量寿佛，旁边是斋堂和浴堂。转过来就是大雄宝殿，大殿巍峨，殿后的走廊长百余步。殿内卢舍那佛为尊，金身佛像居众佛之中央，其下供奉五方佛。出大殿，从夹道向西，前有池塘，后有殿堂，曰"观堂"，回廊环绕，屋舍俨然；从夹道向东，殿内供奉着弥勒尊佛以及阿罗汉数尊。诸多殿宇楼阁立于山寺之中，前有七级宝塔相映照，造化祥和，万物康宁。

在元代，万寿寺香火繁盛，为名重江南的大刹。寺中僧人诵经传法，从未懈怠。此皆良珣法师的功劳。由于良珣法师的无量功德，每当寺庙需要修缮之时，当地善信往往自愿出资，工匠也总是不邀而至。元末兵兴，本寺遭到毁坏。入明之后，本寺多被称之为"大德寺"行世。明初洪武二十七年（1394），庆余法师重修大德寺；英宗正统初年，也曾一度修缮维新，但因损毁严重，费用不支。后来倭寇来犯嘉定境，诸僧奔走流离，民间亦凋敝穷困，振兴寺院困难重重。嘉靖三十二年（1553），可具法师重修，官至礼部尚书的嘉定本邑人徐学谟为此作记。可具幼年出家，与师父大桧商议重修，开始募资购买建材。第二年，大桧圆寂。又过了一年，在可具与弟子正缘等人帮助操持下，开始修建大雄宝殿。此时可具也处逆境之中，寺中资金短缺，就连看病的费用都要到别处去借。但他立下宏愿，誓要重振大德寺。经过一番募资借贷，可具辛苦经营十余年，终于在隆庆五年（1571），完成大德寺修复大业。门殿台堂，回廊抱厦，全部焕然一新。诸佛、菩萨、罗汉等塑像也新增若干座。又清理道路以便行人出入，收拾法器以备法筵。大德寺一时重回良珣法师当年之盛状。万历四十七年（1619），省岩法师再度修葺。

明亡清兴之际，大德寺又一次毁于战火。顺治七年（1650），超界法师重修。原位于大雄宝殿东侧的观音殿，于康熙年间（1662—1722）为寺僧雪坡重建于大雄宝殿后侧，殿中所供的观音像高三米有余，额上嵌有宝石一颗。乾隆二十四年（1759），寺僧们重建了山门和金刚殿。乾隆年间，住持僧就在观音殿西侧构建心月楼栖鸦堂。心月楼前乔木茂盛，浮云蔽日，是南翔镇上的一大景观。此外，大德寺中还有土地祠、七佛阁、无隐堂，以及禅室四十余间。咸丰二年（1852），当家和尚贯之与南翔罗汉党为敌，激起民愤，寺院僧舍为起义农民捣毁。此后，大德寺日益败落，寺基缩小至十亩。1937年，"八·一三"淞沪战争爆发，大德寺遭到日军飞机轰炸，仅存七佛阁、心月楼和玄帝殿，部分被改为殡舍。1952年之后，这里被改作大德小学。1980年，改为碾轧工场，古刹就此退出了历史舞台。

元代时，寺院南边的河流上曾建有一座万寿桥，桥外矗立着阿育王石塔，桥北两侧各有一口井。今天我们所见到的大德寺桥，应该就是在其址上改建而成。据志书记载，桥建于至正十八年（1358），景泰二年（1451）李仲珪重建，乾隆三十二年（1767）程庋五重修，嘉庆年间也曾加以修缮。现如今，在这座桥的东侧桥额上，能看到的建桥纪年款为"民国十九年六月"，应是1930年6月，由当时的南翔镇镇政府主持改建而成。

泰定万安寺

元大德年间（1297—1307），南翔寺僧良珣，与另一位"具公"法师私自出金，于南翔寺东一里，建大德万寿寺；皇庆（1312—1313）、延祐（1314—1320）年间，良珣的弟子义荣，又于万寿寺西南五里的新华浦，营建万安寺。万安寺于泰定四年（1327）落成，故名曰"泰定万安寺"。

今天，我们在元代大儒虞集（1272—1348，字伯生，号道园，世称邵庵先生）为万安寺所作题记的碑刻中，犹可稍知七百年前这座寺庙的建筑始末。虞集提到，有元一代，皇帝对于佛教的态度较为友善，也支持各处建寺造像，认为上可告慰祖宗之神灵，下可普度众生之烦恼，因而寺院兴旺乃是盛世之征。地处东南的嘉定县南翔镇，已有南翔、万寿二寺，而义荣主持建造的万安寺后，终成南翔三寺鼎立之盛况，时为吴郡之一大壮观。义荣在此作法华道场，建弥陀殿、观音殿，又在寺院后筑垒土山，植松、杉万余株。义荣圆寂后，其弟子昙证继任住持，率领普现、普基众徒加盖大雄宝殿、佛阁、钟鼓楼、经楼等处，佛像之多、众僧供给之富，与万寿寺相比，有过之而无不及。

元明易代，万安寺渐次衰败，后山种植的树木已荡然无存，数处殿阁楼台也毁于战火。明代永乐年间（1403—1424），法永僧倾力修缮，也未能使其恢复元代盛状。到了清代，曾经的弥陀殿、观音殿、说法之堂、周廊崇门全都荒草丛生，佛阁、经楼、云堂、方丈等处更是变为废墟，无人问津。

万安寺一寺僧名曰湘湄，俗家姓赵，名先伊，字忘所，原本昆山世家子弟。湘湄十五岁那年，于万安寺剃度出家。常熟破山寺的格庵法师对他颇为照拂，让他住到破山寺去，湘湄却坚持待在万安寺。乾隆（1736—1796）初年，湘湄已是万安寺的住持。

他面对着寺中的残垣断壁，遥念昔日形胜，不免触目伤怀，遂决意兴复旧迹。湘湄募金若干，召集工匠，聚合建材，昼夜辛苦，终于使寺庙稍复规模。他同时一鼓作气，将大雄殿、金刚殿、观音殿、后阁、斋堂等处也一一修复。新安姚长浚感念湘湄心诚志坚，与其侄姚廷模慷慨解囊，出资千余金，襄助修整大殿后的准提阁，两厢的经楼、忏堂、厨房、库房也都重新修建。至乾隆十三年（1748），万安寺已是焕然一新。由于力所不逮，旧时山门、弥陀殿始终荒废未修，万安寺难复当年壮观，湘湄心中万分遗憾，以至积忧成疾，背发疽疮。奄奄一息之时，忽梦见天神告之以治病良方，依照此方服药后，疽疮果然平复。病愈后的湘湄更积善念，兴复寺庙的心志也愈加坚定。十余年里，他四处奔走，设法筹金。乾隆三十年（1765），湘湄用其毕生积蓄加上乡里善男信女的捐助，重修了万安寺的山门及弥陀殿。乾隆三十二年（1767），新修建的山门、弥陀殿终于落成。此时年近八旬的湘湄已是心力交瘁，但他不顾耳聋目眩，仍然坚持晨钟夕鼓，日日诵经。湘湄半生都致力于让古刹恢复旧日巨观，待到心愿达成时，他已在万安寺中生活了整整六十年。

然而，湘湄殚精竭虑修复的万安寺未曾维持太长时间，清代中后期，万安寺就开始败落，光绪年间（1875—1908）已几乎荒废。到了民国初年，万安寺只剩下寺基2.6亩。1937年"八·一三"淞沪抗战时，寺中建筑大部分被毁，寺院由尼姑主持。土地改革后，仅剩的观音殿也由福民小学改作教室，六十年代初也被改作民舍。

今天我们还能见到的万安寺遗迹，仅剩下南翔古猗园内的万安塔。这座万安塔的修建年月已无从考证，塔身损毁也十分严重。1988年修复后移入古猗园青清园附近。

永寿寺

永寿寺，元延祐三年（1316）由宋季大将吕文德之子吕师说创建，次年十二月建成。初在娄塘镇北，明洪武年间（1368—1398）迁至于娄塘镇。有关永寿寺的建置，自明代以来，志书中莫衷一是。明代龚宏乃嘉定乡贤，成化十四年（1478）进士，官至工部尚书。龚宏曾编辑《嘉靖嘉定县志》五卷，志书中言及永寿寺是过去的何庄寺，为宋时里民何氏所建的家祠，且宋初名相吕蒙正（944—1011）登第前曾被何氏家族聘为塾师："何庄寺，今曰永寿寺，吕蒙正寓此。"又云"何氏宋初延吕蒙正为塾师"。龚宏志书中的说法，被其以后的历代修志者所延用，直到康熙年间（1662—1722）的《嘉定县志》犹延此说。且在康熙、乾隆（1736—1795）两朝的《嘉定县志》中更记载道，元代延祐年间吕师说将何庄寺重新改建，并更名为"顿悟院"，洪武年间改为寺。

而在嘉庆（1796—1820）《嘉定县志》中则收录了当年吕师说创建永寿寺时撰写的碑文，并否认了曾名"顿悟院"之说。同时，清代学术大家、嘉定县人钱大昕据此碑文以正视听，力证永寿寺就是吕师说于延祐年间创建，与何氏无关，亦非何庄寺改建。后来的县志中记载永寿寺遂只道吕师说，而不再言何氏。

吕师说的事迹在史书上并无记载，然其父吕文德为有名的南宋将领。以吕文德为首的"吕氏军事集团"曾在抗击蒙古的过程中立下赫赫战功，深受理宗、度宗两朝皇帝重用，家族中的诸多成员都担任军事要职。不过，虽然朝廷对吕文德颇为倚重，但其官品名声却不佳，因与权相贾似道相互勾结，屡有中饱私囊、贪污腐化之事，数度被人参奏弹劾。饶是如此，吕氏一族仍然显赫不衰。咸淳五年（1269），吕文德病逝，度宗赐其谥号"武忠"，恭帝德祐元年（1275）又追封"和义郡王"。吕文德死后，整个吕氏家族除了他的弟弟吕文信战死之外，其余全部投降元朝，并在元廷担任要职。

延祐三年，吕师说正任元朝奉训大夫、江淮等处财赋都总管。其时为永寿寺所刻碑石直到嘉庆年间犹存，后人幸能从中一探建寺经过。吕氏说在碑文中明白写道，自己创建永寿禅寺目的有二，其一为"上报国恩，祝延圣寿"；其二"为先考太师宁武保康军节度使武忠和义郡王建立祠宇，安塑神像"，即为其父吕文德建祠立像。永寿寺于延祐四年十二月建成，规模三间七架，结构高广。吕师说还特别提到，栋、桁、椽、桷几处的木材都是吕文德在世时于金陵福兴山上种植，已有七十多年的树龄。但由于金陵到嘉定山深水远，运送不便，所以梁楣之外的部分都用的松木。至于以"永寿"为寺名，实为吕师说饮水思源，为表孝思，希望吕氏子孙昌盛，永寿常驻。

吕氏在元代仍是世家大族，吕文德生前位列公卿，身后追赠郡王，想来后世为其建立祠宇必有一定规格气派，断无在平民家祠的基础上改建的道理。钱大昕认为，永寿寺与何庄寺本非一地，只是在明初并而为一。而至于前人志书中所载"何氏宋初延吕蒙正为塾师"之类，据钱氏的观点，吕蒙正太平兴国二年（977）就登第入仕，其时嘉定地区尚在吴越国的管辖范围内，吕蒙正不太可能行寓至此，或许是因为永寿寺创自吕氏，所以为后世所误。

近据历代志书所载可知，康熙年间，永寿寺大殿曾毁于火灾；光绪五年（1879），曾重修后殿。其余事迹皆无可考矣。

嘉定圆通讲寺

　　元至元二十三年（1286），一位出身显贵又正当壮年的高姓公子对尘世厌倦万分，于是前往杭州般若寺剃度出家，法号"明了"。明了从杭州来到嘉定，经营开拓，修建庙宇。大德三年（1299），元成宗为这座寺庙御赐匾额"圆通"。明了法师与嘉定县的渊源颇深。南宋嘉定十年（1217），嘉定建县，以年号为县名。最初这里一片萧条，首任县令到任之后，广施仁政，大兴教化，经过三年的整治，逐渐呈现出欣欣向荣之势。而嘉定县的这第一位父母官，正是明了法师的从祖父高衍孙。

　　圆通寺在元代颇受皇室眷顾，寺庙和住持都不断得到封赐。大德十年（1306），圆通寺的妙明法师受到元成宗的召见；第二年，元武宗御赐匾额，又赐号妙明"圆悟佛心"；皇庆元年（1312），寺庙遭遇火灾，次年大规模兴修，延祐三年（1316）竣工，妙明加赐为"圆悟普济物心大禅师"。为了答报皇恩，他不断地翻修庙宇、研习和弘扬佛法。延祐六年（1319），妙明在圆通寺后修建了九间大佛宝阁，请赵孟頫为此作记。赵孟頫一直宦游他乡，也直到本年才回到故里吴兴。嘉定圆通讲寺的这篇碑文，大约就是他告老还乡后所写。

　　在碑记中，赵孟頫开篇即问"道"与"德"各为何物。他自己认为，道"依之而心修，从之而理顺"；德"布之而利传，积之而行圆"。在他看来，"道"是一种准则，对言行加以规范；而修行善举是为"德"，向外传布则使众生受益，向内集聚则令自身圆满。寺院既有清规戒律作为"道"的约束，又以佛法和善缘作为"德"不断传播和积累，这正是对"道德"二字最具体的诠释。因此，妙明兴修佛寺，自然也是道德之举，与佛书所言的"圆通"互为映照。

　　赵孟𬫔是赵宋皇族之后，他起初也不愿出仕。后来，元世祖忽必烈令人南下，寻访宋代遗臣，赵孟𬫔的名字赫然在列。忽必烈单独召见了赵孟𬫔，对他万般礼遇。从这一年起，赵孟𬫔入仕元朝。这一年，正是同为宋代遗臣之后的明了法师遁入空门的至元二十三年。

嘉定寺院与柳如是、黄淳耀

　　嘉定老城的西北角，原来有座大寺，叫作西隐寺。著名"嘤城十景"中，就有"西隐听莺"这一景。因为明代时候，把汉传佛教与寺院分为"禅、教、讲"三类，功能各有偏重；西隐寺的全称是"西隐教寺"，根据名字性质来看，是偏重于做"慎终追远"的民间丧葬法事的。

　　根据方志里的记载，明代的西隐教寺位于县城的"七图"，约是西北处位置，面前的大路叫作"于巷"，地方上管理地方寺院的机构"僧会司"就设在这座大寺里面，相当于今天的区佛教协会所在地。早在元代泰定元年（1324），有位僧人叫作悦可的，在这里建寺，寺里建筑有"寂照观堂""直节堂""寿乐亭""空翠亭""劲节轩"，从文字上看已经颇有规模了。寺里面有棵罗汉松，明代人已经慨叹"二百年物也"。

　　到了明代，西隐教寺不断发展，永乐三年（1405）有位叫护助的僧人对其进行了翻修。之后一次扩建要到了近百年后的万历十八年（1590），在存仁和尚主持下进行增修。当时有个机缘。嘉定出了个士大夫叫徐学谟（1521—1593），官做到刑部和礼部的尚书。他还是当时内阁首辅大学士申时行（1535—1614）的亲家，他在乡里的地位可谓煊赫一时。徐学谟尊奉佛教，而且他年轻时候曾在西隐寺里读过书，对西隐寺有感情的。明清时期的古人读书，因为场地空间和人员流动的限制，常常会选择去寺院读书准备各级的考试，这跟寺院有闲置房屋空间，以及寺院本身公共活动的空间，受到官府限制小，是有关系的。徐学谟以及他的好朋友、日后官做到御史的张任，有同在西隐寺读书的因缘。在他们功成名就后，就选择报答乡里寺院，所以就出力捐助，并以他的威望募集资金，重修了寺院，还将自己曾经在寺中读书的地方，新修了一个"竺林院",用作藏经楼,贮藏大藏。为此,徐大尚书写了一篇《竺林院记》,在县志中流传了下来。而且,徐学谟归隐后,在老家造的花园别墅"归有园",就离西隐寺不远。

自明代的万历年以后,西隐寺开始渐渐出名。"嘉定四先生"之一的唐时升常常就在西隐寺里流连玩赏;他自己的房子也买在西隐寺附近。灌园叟作诗、绘画都很有名。他有首六言诗叫《题娱晖亭》:

> 春霁耰锄札札,
> 书长棋局登登。
> 行就南邻酒伴,
> 立谈北寺归僧。

这里的"北寺",应该就是西隐寺。他还有份比较有名的画作《西隐寺纳凉册》六幅,就是取材于西隐寺。后人评价这幅画是"随意挥洒,颇得云林天趣":作画时非常潇洒自如,有元代山水大画家倪瓒的风采。当然,唐时升还是在自己画作的题跋上客气了一把,解释自己不擅长画画,因为夏天在西隐寺避暑,闲来无事才随意敷衍了几笔,是不敢与前辈大画家相提并论的,只不过是留给方内交禅友的游戏之笔:"余不善画,亦不工书。辛卯长夏,避暑西隐之竺林院。山窗无事,用遣岑寂,非敢与前人计争巧拙也。留与元老禅兄一笑。"那显然是唐的客气之语,不过能看出,西隐寺在当时文人心中是颇有地位的。

西隐寺另有一段颇有趣的因缘,也是与晚明文人有关,其中还涉及了当时一位奇女子。时间到了明末的崇祯七年(1634)的暮春至初秋,当时年仅十七岁的柳如是(1618—1664),应多位嘉定耆老之请,第一次游历嘉定。当时柳如是在江南的名气已经非常大了,除了因她曾经当过内阁大臣周道登的小妾之外,她与松江府著名的青年才俊陈子龙的感情经历,也是当时文人圈熟知的。其中"嘉定四先生"中两位垂垂老矣的文人,就对柳如是钦慕尤嘉,一位是前面提到的西隐寺的禅客、已经八十多岁的唐时升，另一位是小唐十岁的大诗人程嘉燧。年逾七旬的程诗人，对柳如是的崇拜与爱慕，大约是这些人中最深的。在这些嘉定耆老的招待下，柳如是在那年春夏间出入嘉定各个名园，与诸多文人流连诗酒之中，其中也到过嘉定城内著名的西隐寺。著名文史大家陈寅恪先生就考证柳如是不仅来过西隐寺，在附近的唐时升宅院过了那年的七夕节，而且程嘉燧因为柳如是曾游览此地，便更改了寺院周边的地名，以纪念自己与柳如是此次嘉定相聚。

县志里记载，西隐寺面前有座桥叫作"宝莲桥"，据其字面意思应该是与佛教有关，是极其自然的事。而程嘉燧在柳如是过访西隐后，将桥名改成了"听莺桥"，并以他在地方上的影响，把新名写进了县志里。"听莺"含义与女性、游宴有关，在这里必是为了柳如是而改。而西隐寺西南面有条"隐仙弄"，里面有座"蔼园"，是柳如是来嘉定住过的地方。这个"隐仙弄"名字可能也是程嘉燧在柳如是游览后，重新起的。因为柳如是当时名字里面有个"隐"字，如是是字，而古典诗歌中间，这个"仙"字是有女仙意思的。柳如是此来另一位接待过她的本地人孙致弥，留下一句诗叫作"小弄垂杨记隐仙"，柳如是本姓杨，这句诗把"隐仙弄"和柳如是的姓并用，显然暗示"隐仙"与柳如是的关系。这些地名更改上精彩的构思，都是程嘉燧献给柳如是的"礼物"，显示了老程如痴如醉的爱慕之心。柳如是此次游历西隐寺也就此留下一段别致的佳话。

嘉定城南另有一座西林庵，名字与西隐寺相似而有时会被人混为一处。西林庵得名之处是明清之际嘉定三屠前后悲壮的经历有关。清军渡江，剃发令下，百姓哗然，嘉定百姓在乡里侯峒曾、侯岐曾兄弟及黄淳耀兄弟等人领导下，御城守节。城破之际，黄淳耀与弟弟渊耀入西林庵自缢。西林庵曾是这两兄弟平时读书处。

与嘉定建县庶几同时，由吴郡（今苏州市）迁出了一户黄姓的家族。到了明代，他们的后裔散播于嘉定各乡，其中"起明公"一支在方泰周边定居（今安亭镇方泰）。这一支从敬塘公黄世能开始步入仕途，但世能并非科举出身，而是在陕西平凉卫，及近邻的崇信、安定两县中担任文职。因裁革浮费（一说是挽回了一桩判死的案子）而得罪了司理，被罢职归家。虽然我们对黄世能的生平所知不详，但从他被入祀崇信名宦祠一事，可以推想他的政绩得到了当地人的肯定。为官一任造福一方，固然是为官者的责任，但乡居的黄世能也没有忘记造福本地，因为积极参加向朝廷请愿折漕的行动，他被入祀了嘉定本地的折漕报功祠。

黄世能之子家柱是方泰黄氏的第一代读书人，但也许是没有读书科举的天赋，他仅"以孝子和益友的品行而闻名"。不过，家柱之子淳耀（1605—1645，字蕴生，号陶庵）却是一颗读书种子，从小"敏而好学"，十七岁便考取生员。淳耀成了这个家里第一位以读书为业的人，从他原名金耀后来改成淳耀，可见一斑。虽然之后的很长一段时间里，淳耀都没有在举业方面更进一步，但据说当时的文宗钱谦益都曾经请他来教导家中子弟，并在为他的文集作序时称他是"当世韩愈"。而淳耀也以圣贤自期，建立"直言社"从事讲学，不但撰写了《自鉴录》和《知遇录》，后来更是每日都要记下自己日间的行为并自省。

崇祯十五年（1642），三十八岁的黄淳耀通过乡试，赴京参加第二年的会试，但在此过程中却发生了一件耐人寻味的事：在会试中，曾有"要人"向淳耀暗示自己可以推荐他为会试的榜首，被淳耀严词拒绝，虽然最终得中进士，但淳耀在参加完廷试后，没有等到也没有去争取一官半职就回家了。在给弟弟渊耀的信中，他写道："唱名次的时候，大家看到第一名上去了都啧啧称美，我当时却感慨万千：天地间自有数千年仅一人、数百年仅一人才能做到的事业，现在的人不去做，却只想做那三年便可出的一人，何也？"自古读书人以天下为己任，淳耀的言行称不上多么不惊世骇俗。我们也不妨揣以小人之心猜想，也许是淳耀自知得罪了那位"要人"，为防报复，便索性潇洒离去吧。

淳耀的这一离去，倒是避开了来年的甲申（1644）之乱，但更大的危机，却在家乡嘉定等待着他。清军自入关后便势如破竹，乙酉（1645）五月攻破南明弘光政权的首都南京，闰六月兵至嘉定城下，接下来发生的，就是我们都熟知的、酷烈犹"扬州十日"的"嘉定三屠"。南京失守后，明朝任命的嘉定县令逃走，清朝任命的县令也被当地人轰走，南明朝廷虽然派了一位将军，但据说他将县衙的火枪都搬去了自己在城外的驻地，嘉定城中群龙无首。

在此危急之时，淳耀继承了祖父的急公好义，与好友、有任职武选司履历的侯峒曾一起组织了第一次守城。与"扬州十日"期间史可法率领的正规军相比，嘉定城中的不过是些"市井无赖和吃空饷的关系户，即便穿上盔甲，不过是些没有战斗力的傀儡，不但不足以御敌，反倒可能生乱"。另一方面，淳耀自己招兵买马的贡士李陟、诸生支益，又被小人诬陷通敌，一群不知来历的人冲进他们家中，杀光了他们全家。在一封向南明政权求救的信中，已七十八岁高龄、熟读经史的醇儒马元调通透地写道："那些穷人逃到哪里不能当个穷人？让他们出死力来帮富人守城、保住富人的财产家眷，自己却没有好处，世上哪里有这样的事？"

在清代康熙、乾隆、光绪时期三次对《嘉定县志》的重修中，这些真真假假的守城细节开始浮出水面，逐渐远离战争的人们开始谈论兵制的腐朽、大敌当前的"窝里斗"，乃至人性的弱点，这一点，古今恐怕无甚分别。但自始至终没有改变的，是人们对组织乡兵守城、企图"蚍蜉撼树"的侯黄等人的敬崇。

人们借以表达追思之情的第一个地方，是淳耀与弟弟渊耀（1624—1645，字伟恭）殉城的西林寺。弟弟渊耀从小受教于兄长，这次自然也一道参与了守城。据说，当时哥哥淳耀住在西林寺中指挥，弟弟渊耀才是真正上城楼督战的那个。破城之际，弟弟跑去西林寺通知哥哥，兄弟二人便打算一同自尽。西林寺的僧人、也是淳耀的好友劝说道："你不是朝廷的官员，可以不用死。"淳耀答道："我誓与嘉定城共存亡，是不是官有什么分别？"然后写道："弘光元年七月四日，进士黄淳耀在西城僧堂自尽。呜呼！不能为朝廷效力，看来没读好书，不能归隐山林，看来没学好道，我现在能做到的，只有对得起自己的良心了！"兄弟两人自缢而死，兄终四十一，弟终二十二。血溅于壁，每逢阴雨天气，墙上就会映出淳耀的影子。

清代本地书画家张鹏翀，以黄淳耀自缢时口喷鲜血在壁，因题"留碧"二字。碧，指的便是二人溅在墙壁上的血，出自《庄子·外物》"苌弘死于蜀，藏其血，三年而化为碧"，被后人用来形容为正义死难的烈士的血。这就是西林寺留碧壁的来历，后来寺庙逐渐败落，匾额也遗失了，虽然一度由苏州府的著名诗人沈德潜重题，但当地士绅不愿二黄先生从容赴死之处被人逐渐遗忘。乾隆五十三年（1788），人们将这堵留碧壁，修葺扩充成为留碧祠，供奉黄氏兄弟的遗像，由本地著名学者钱大昕、周文禾题写像赞，刻石立碑，由本地出身的显宦金洪铨撰写了《二黄先生西林留碧祠记》，嘉庆五年（1800）又重修，有许多诗人题壁留念，今已全部不存。后来西林寺废后，1961年地方政府于黄淳耀就义处，立"陶庵留碧"碑（因黄淳耀号陶庵），字是辛亥革命元老吴玉章所题。这块碑据说仍在原址，今在上海大学嘉定校区境内。其实，淳耀、渊耀既然是自缢而死，溅上墙壁的血恐怕并非是这兄弟二人的，影子一说也略显夸张；但却足见人们对兄弟二人的敬崇，相信英魂不灭，常存人间。

纪念兄弟二人的第二个地方，是他二人的墓，位于今嘉定安亭镇方泰水产村东南隅。旧时逢清明，县学诸生常会来此谒拜题诗。墓前有入清后隐居昆山的学者陈瑚所撰碑，今已不存。第三处是白沙（今宝山杨行）黄氏祠堂。康熙二十二年（1683），从方泰迁居白沙的淳耀之子隐斋先生，与白沙、槎溪（今嘉定南翔）的两支黄姓，追溯到南宋共同的始迁祖，一同在白沙建立了黄氏宗祠，并邀请本地进士撰写了《白沙黄氏祠堂记》。尽管淳耀只是方泰宗这支的一名后裔，但因为他的德行足以垂范后世，黄氏三宗决定共同供奉他的神位。第四处是乡贤祠，侯、黄等人享春秋祭祀，今已不存。

第五处是二黄先生祠，祀黄氏兄弟，位于嘉定东城，康熙四十一年（1702）由嘉定县令王坛详奏建，今已不存。官府拨银、差，并免黄氏后人徭役，专奉祭祀等一切安排，刻《二黄先生祠祀额记》石而使其制度化。并由辞官在家的本地乡绅赵俞撰写《嘉定祠记》,刻石记叙这件事。在《记》中,赵俞提了这样一个问题:"如果身处太平盛世,没有机会仗义死节,淳耀会是一个碌碌无为、不为世人所识的人吗?"他追述了淳耀的功名和文章,认为这些成就与他后来的慷慨赴死一样,都仅仅只是淳耀"本体"学养所外露的"应用"而已,对于身处太平盛世的普通学子而言,无论是想考取淳耀所谓的三年出一人的功名、还是想建立百年出一人、千年出一人的奇功,最根本的还是砥砺自己的学养。

第六处是黄公祠,祀黄氏兄弟,位于宝山县杨行乡(今宝山杨行),今已不存。乾隆十五年(1750),县令田联芳为提倡后学,因淳耀的后人也迁来了宝山,便奏建黄公祠。乾隆二十年(1755),县令李元奋奏请一同嘉定县二黄先生祠的办法,拨款专祭,撰《黄公祠记略》刻石。嘉庆元年(1796),知县陈梦兰与本地士绅一道捐建了后堂和头门,并撰《重修黄陆公祠序》刻石。此后对黄公祠的修建时时延续到民国,主要由黄氏后裔主持。第七处是明忠节侯黄二先生纪念碑,位于嘉定汇龙潭公园,民国二十五年(1936)由嘉定全县教职员暨学生捐资建造,碑文由本地教育家黄世祚所撰,将淳耀视作"民族英雄"。2017年4月1日,嘉定各界在此举行了公祭仪式,纪念嘉定建县800年。

附记:因为乡贤忠烈的因缘,西林寺在历史上留下的浓重一笔,那是与西隐寺曾经的莺歌燕语的气质完全不同。丙戌冬,余随业师李公与沪上耆老楼丈,会于嘉定万佛禅院,谈玄论道,兼而淞滨掌故。因陈寅恪先生尝论河东君游嘉定,而及黄陶庵殉节处,因有此文。

龙华寺

　　上海龙华寺是上海地区的名刹，相传始建于三国东吴赤乌年间（238—250），为西域康居国高僧康僧会所创建。这里最初是当地百姓进行民间信仰活动的宗教场所，是供奉地方神灵的教寺，直到北宋神宗年间（1068—1085），才变为佛教禅寺。据南宋时期的《云间志》所载，治平初，龙华寺改称"空相寺"，宋英宗为其御赐匾额。到了明代永乐年间（1403—1424），寺名才又重新恢复为"龙华寺"，一直沿用至今。

　　关于龙华寺的传说总是为老上海人们津津乐道。传说龙华一带原是当地守护神"广泽龙王"的潭穴。赤乌五年（242），康僧会来到中国，在吴地弘扬佛法。他游历至龙华荡，发现这是一处风水宝地，便作法召来广泽龙王，提出想在此修建庙宇。广泽龙王自知力量微薄，不能与之相抗，便答应了下来，但又道："法师在这里修庙，我就没有了居所，如何是好？"康僧会请龙王担任寺庙护法，仍居住在此。后来，康僧会又祈获了一颗五色舍利，吴大帝孙权以此为稀世珍宝，遂决定修建寺塔安放舍利，并为寺庙赐名"龙华寺"。赤乌十年（247），寺塔修成，这是华夏最早的佛塔之一。龙与寺院创建的传说，在江南古刹中非常多见，大部分都与创寺者来占龙王居所有关，今天放在一起读来颇替那些老龙王委屈，大有《西游记》里佛门弟子孙悟空到处欺负四海龙王的味道。

　　龙华寺先有寺塔后有殿宇，唐垂拱三年（687），圆通宝殿建成。唐僖宗乾符年间（874—879）黄巢起义，庙宇和寺塔皆毁于战乱之中。宋太平兴国二年（977），吴越国王钱俶夜泊于黄浦江上，忽然间风雨大作，只见远方杂草丛生处祥光映照天际，还传来隐隐绰绰的钟声梵音。钱俶忙询问那是何处，始知是古代龙华寺的地基。他赶紧下令，让大盈庄务将张仁泰在原址上重新修建寺庙以及宝塔。经唐历宋，龙华一带聚居地逐渐形成气候，元代这里此处被称作"龙华铺""龙华里"，街道集市已初具规模。与此同时，龙华寺（后更名"空相寺"）也在不断拓张。咸平二年（999），宋真宗赏赐金钱，在正殿前重建廊屋200间。治平三年（1066），宋英宗重修圆通宝殿、翻新寺塔，并在禅院西北角上修建白莲禅院。元丰三年（1080），邑人许序捐地两顷，拓展寺基，于四隅各立空相寺大石界一方。高宗南渡之后，对空相寺极为看重，数次修整、扩建庙院。绍兴十七年至二十三年（1147—1153），前后七年间，高宗先后赐金翻修宝塔、建造观音殿，御笔亲书圆通宝殿和永泰桥的匾额，另御赐金襕衣、银钵、玛瑙珠、松鹿锦旛若干，更从浙东官田中割划出三顷供给寺中僧侣。理宗淳祐十年（1250），大雄宝殿建成，位于圆通宝殿后侧，是为空相寺主殿。空相寺规模既定，逐渐成为江南一带闻名遐迩的佛教重地。

据空相寺住持宋谅记载，元至元二十七年（1290），大智禅师在寺前布下结界，鉴堂法师在后方加以护持，自此，这里僧徒繁衍，天人护佑。彼时蒙元铁骑披靡南下，然经过空相寺时，将士们皆肃然起敬，上前叩首行礼后便返还，寺中风平浪静，瓦砾未损。朱元璋自南方起兵反元，寺庙又一次毁于战火，只有宝塔得以存留，时时绽放光芒。明永乐年间，寺名还原为"龙华寺"，与此同时，寺院也重新修建，工程规模之浩大可谓前所未有。殿宇楼阁、屋檐走道，尽数修葺一新。寺前新辟了放生池，新建了施食台。寺院所在之处禅室幽静，树木成荫，一时冠绝吴地。嘉靖三十二年（1553），朝廷敕赐龙华寺"万寿慈华禅寺"匾额。也正是这一年，海盗汪直、徐海等与倭寇内外勾结，致使江南一带战祸横生，龙华寺又一次遭到严重破坏。直到嘉靖四十一年，在一真、慧林等僧人数年的辛苦操持经营下，寺庙才逐渐修复。嘉靖四十五年，修建天王殿。隆庆六年（1572），新建阿弥陀佛殿。万历二年（1574），寺僧募资修建轮藏殿。大约就是这个时间里，日后的天主教三大柱石之首的徐光启，来到寺里读书居住了好一阵子。

万历二十九年（1601），神宗为慈圣皇太后贺寿，为天下名刹颁布藏经，其时龙华寺住持达果恰在京城学法，上疏为龙华寺请赐经书。传说当时颁经的旨意虽已下达，但具体分发到哪些寺庙却一直未定。一天夜里，神宗梦见一条头角插花的巨龙从殿前飞过。第二天早晨批阅奏章，见请求赏赐的寺庙名单中有"龙华寺"，一时龙颜大悦，当即对龙华寺予以厚赏，包括《大藏经》七百一十八函、范金千叶宝莲毗卢遮那佛一尊、佛器十余类每类若干，另有金印一颗，御书"承恩堂"匾额一座，更钦加"大兴国万寿慈华禅寺"匾额，位列台宗十刹之一。第二年达果南归，又御赐金襕袈裟一袭。在这些赏赐中，《大藏经》、佛像和金印，被称为龙华寺的"镇寺三宝"。此后数十年，或是朝廷斥资，或是乡绅捐赠，或是寺中僧侣化募，龙华寺又几经翻修，以其建制恢弘、法脉深厚吸引了无数高僧大德在此弘扬佛法，一时间声名远播，香火繁盛。值得一提的是，龙华寺的钟楼重建于明代，钟声洪音震发，响若雷霆，传荡千里。后世所谓"沪城八景"最早见载于万历年间的志书，其中"龙华晚钟"一景，至今流响。

随着明亡清兴，龙华寺也渐次萧条，所幸始终未曾败落。这期间，邑人陆镒捐资出力，尽心维护。顺治四年（1647），陆镒与张积润等本地乡绅请韬命禅师担任龙华寺住持，并募集善款，重修藏经阁，新建韦陀殿、东西照楼、怀香楼。顺治、康熙两朝，寺中殿阁院堂、楼台钟塔，在僧侣和信众们的募化捐赠之下一直修缮不断。康熙朝以后，寺院毁坏，一直未再修复。咸丰年间（1851—1861），捻军起义，江南一带尽遭烽火，龙华寺也未能幸免。直到同光年间，在天台宗第四十祖观竺住持的带领下，众僧开始募修寺院。同治九年（1870）至光绪二十四年（1898），观竺、所澄、静再、月溪、文果、迹端、志拱、授源、功极、本泉等几代高僧陆续募集资金，将大悲阁、大雄宝殿、金刚殿、三圣殿、弥勒殿、钟楼、鼓楼、宝塔等处，或修缮，或重建，龙华古寺得以复兴。民国初建，军队驻扎在龙华寺中，僧侣们被驱散，大小佛像上的镀金皆被搜刮殆尽，门窗也都被拆卸下当做烧火的木柴，所幸殿宇梁柱犹存。民国十年（1921），驻军团长张慕韩和住持元照一同募捐，重修龙华寺，僧徒重又集聚于此，龙华古寺重又香火绵延。

民国时期龙华寺一带广种桃林，更兼铁路开通，每到春暖花开时，附近民众争相跑来龙华寺赏花，一时成为胜景。著名的歌手周璇一曲《龙华的桃花》便是为此而唱。

普照寺

  松江普照寺位于松江府华亭县西，旧址在今松江区通波塘西侧、中山中路北侧，只是今天已经成了松江第一水厂。相传这里原是西晋陆机（261—330）的旧宅，附近有多处陆宅遗迹，如八角井、黄耳冢等。唐肃宗乾元元年（758），高僧慧旻在此处建造起寺庙，初名"大明寺"。宋真宗大中祥符年间（1008—1016），改名为"普照寺"，此后一直沿用。

  陆氏旧宅遗址北靠山峰，层峦叠嶂，树木葱茏，阴阳家认为这里风气藏聚，可作千百人安身之所，尤其适宜建盖佛寺。"安史之乱"后，原来九峰之一的檇山上有位慧旻大师来到华亭县城，就在此处营建大明寺。寺中有陆将军祠，供奉的是三国东吴大将、陆机之祖陆逊，寺僧和邑人尊陆逊为"伽蓝神""广卫将军"，传说十分灵应。唐代宗一朝（762—779），寺庙创业未兴便半途而废，唐德宗继位后（779—805），虽一度复兴三宝，但好景不长，文宗太和九年（835），又遭废止。此后便是唐武宗的"会昌灭佛"，普天之下寺庙被毁四万余所，僧尼还俗者多达二十六万五千人。那时管辖上海（即华亭县）的苏州府境内，拆得只剩下了一座寺庙，全境僧员不超过三十人。在这场法难中，大明寺也未能幸免，浩劫之后仅剩一片残垣。会昌六年（846），武宗驾崩，继位的唐宣宗（在位时间：846—859）诏令天下恢复各地寺院；大中元年（847），大明寺住持良惠与慧旻法师的四世孙元珂法师等人，四方化缘，募资重建大明寺。五代十国期间，此地为吴越国所管辖，相传吴越武肃王钱镠（852—932）曾派司空张瑗来到此地，大明寺寺僧以素食招待，张瑗感觉有所怠慢，怀恨于心，便在寺庙东边和南边挖掘了河道，占去三分之二的寺基。

  有宋一代是大明寺（普照寺）的重要发展时期，尤其在大中祥符元年（1008）七月，真宗敕赐"普照寺"之后，寺庙香火日益兴盛。寺有僧房二百间，僧徒多达五百人。寺僧庆邦修建的斋堂高六丈，可同时容纳一千名僧人进食，每日供应米粮十二石。法云有方担任寺主期间，曾一度担心随着寺中人员增加，各类纠纷也接踵而来，他将自己的忧虑告诉了当时华亭县宰钱氏。县宰遣佐吏送来一柄权杖，从此寺中纷争皆以凭此杖决断处置。

宋代普照寺的僧人们大多修为深厚，学问精益，其中很多人能够翻译经书。寺院更名以后，担任住持者皆是能够讲学明道、令人信服的大德高僧。全县设都僧首一名，掌管全邑的佛教公事；副僧首一名，主管人丁钱粮等事。后来都、副僧首二职合一，皆由普照寺寺主担任。寺内有知事僧二三人，掌管寺院事务，皆是才能出众、公正勤勉者。表白一职为重大场合而设，专主宣唱，仅次于寺主。声赞一职遵循旧制，设四人，由善于在做法事时歌颂梵呗之人担任。管理杂务的司事僧称"纲维"，起初新进僧人为纲维，后来由役夫接替。大中祥符九年（1016），普照寺大殿竣工，大殿后方有宝藏院一座，早在咸平四年（1001）由寺僧庆轸修建，天子御赐的文书、经卷、灵芝仙草等物皆收藏在此处。天禧二年（1018），善誓修建宝塔一座；同年，道雄建钟楼，楼高十丈，钟声悠扬，响彻五六十里。到了仁宗一朝（1022—1063），普照寺仍受皇室优待，至和年间（1054—1056），宋仁宗曾为大殿御书"宝殿"二字。另有看经阁、南水陆院、普贤阁、药师殿、西弥陀殿、舍那阁等处，也建于仁宗朝。寺东北角的塔院为善住教院，乃寺僧常矩于皇祐年间（1049—1053）建盖，陆机、陆云兄弟故宅便在此院内。善住教院原为弘扬华严宗而建，元丰二年（1079），通议大师浩慈请华严宗高僧晋水净源大师来此传教。善住教院遂以晋水为教院开山之祖，故院中有"怀晋轩"。教院另有六景：高阁、层峦、鹤滩、秋晓、云西、双松。

普照寺有法华经台一座，建于熙宁六年（1073）。天台宗大师慧辩原为华亭人，俗家姓富，幼年在普照寺出家，后至杭州，受法于下竺寺祖韶法师。祖韶年迈后即由慧辩代替他讲法传道。大中祥符年间，真宗赐号"海月"。北宋熙宁间，大文豪苏东坡在杭州担任通判（1071—1074），与海月大师交情深厚。相传海月坐化前曾留下遗言，须等东坡到了以后才可合棺。海月圆寂后的第四天，东坡才赶至山中，只见海月端坐如生，头顶尚有余温，可见二人情谊。海月讲授佛法二十五年，常与往来者不下千人，乃天台宗一代祖师。普照寺正殿后有一处南塔院，乃至道三年（997）常照法师所建；海月大师曾在此说法，所以普照寺上下为了纪念他，遂将南塔院定名为"海月堂"。

北宋中后期，普照寺已是一方名刹，广结善缘者络绎不绝。元祐六年（1091），有位姓丘的工匠为普照寺雕刻了一尊六丈高的金身佛像；崇宁四年（1105），本地居士何宗辨雕刻观音、势至菩萨尊像两座。寺前有东西井亭两座，政和三年（1113），知县姚朝送来御题匾额两块，东曰"泉洁"，西曰"兼济"。这位姚知县与普照寺缘分颇深，寺街有南亭一座，原是庆历间（1041—1048）寺主法云有方所建。姚大人曾为求子来此祈愿，不久便灵验，姚朝大喜，便将此亭命名为"请子轩"。

南宋初，普照寺数度遭遇重创。单在高宗建炎二年（1128），善住教院和义津房便于二月和十二月先后发生火灾。从三门塔院、大殿、水陆院、净土院、千僧堂、厨库、天王堂、普贤阁、药师殿全被烧毁。建炎四年，寺主觉修和寺僧智明等人着手重建山门、香花亭等处，还未修成，绍兴七年（1137）便又遭遇火灾。翌年，寺中僧徒在藏院地基之上暂时建盖了一座草殿，有奇异高僧来此，建造了一尊释迦牟尼佛像。自此，普照寺在众僧的合力经营下，逐渐开始恢复原先的规制。宁宗嘉定九年（1216），真懿大师忠信、崇教大师祖祥重建无量寿殿。原先此殿构造精巧，却也正因过于繁复的设计，反而让殿堂显得局促。于是筹资万金，撤其旧制，以宽敞阔达的布局重新修整。三年后，新殿落成。视野空间豁然开朗，天光宝气交相辉映。淳祐八年（1248），普照寺突遇火灾，寺内场所几乎全都被烧毁，寺院损失极其惨重。走廊、大殿、厨房、库房等处，宋元之际逐次修复。

普照寺中存放经藏地方被称为"藏殿"，淳祐火灾之后一直未得修缮。元至元年间，住持圆明大师希白有兴复之志，从至元十九年到至元三十一年（1282—1294），前后历经十三年，在地方富户王国英及诸位施主鼎力相助之下，共计花费十五万钱，终将藏殿修成。殿高五丈许，大小二十楹，面积比原先又增加了一半。殿内装饰雕梁画栋，金碧辉煌。上有飞仙桥，中有栖经函，殿旁是铁围山，山下是香水海。四周树木参天，壮丽非凡，时人无不叹赏。藏殿建成的第二年，松江知府张之翰受寺僧所请，曾撰文记此盛状。

崇教大师祖祥主持修建的千僧堂，也曾毁于淳祐八年的火灾，此处应当就是昔年庆邦所建之斋堂。绍兴二十九年（1159），超果教院的序讲主曾重修此堂，后来又毁于兵乱，"千僧"二字名存实亡。崇教大师对此心有戚戚，发愿鼎新此堂。修缮工作于绍定三年（1230）仲春开始，次年功成。又一年，崇教大师圆寂。绍定六年冬，受雪灾影响，千僧堂再次颓败。崇教的徒孙智渊发愿继承祖志，在其苦心经营之下，千僧堂渐次恢复旧日规模。孰料好景不长，淳祐大火之后，又成为一片废墟。至元十三年（1276），万户侯沙某镇守此邑，在他和会悟兴教大师昙秀的共同倡导之下，修复了钟楼、库堂、西庑等处，而千僧堂却未能顾及。至元十六年（1279），一位赵姓的本地护法，将自己的居所施舍出来，昙秀和尚将这里稍作改造了，但毕竟简陋，于千僧堂昔日之规模难以比拟。昙秀坐化之前，将夙愿托付于弟子。他的徒弟智受和尚，向各方施主辛苦募资，日积月累，大德七年（1303），终于在旧址上重建千僧堂，阔朗恢弘，尤盛于前。

普照寺释迦如来殿则建于唐乾元建寺之初，良慧僧曾所创。北宋以降，三度重建。华亭有善信钱武翼，淳祐大火后，为普照寺捐资刻印藏经，又带头提出兴造释迦殿。然而，他并没有来得及完成这桩心愿，兴建大业由他的儿子钱大信继续。但此事行行止止，直到度宗咸淳十年（1274），钱武翼的旧友慧思念及不可荒废前人之功，极力劝化善男信女们捐施资助，释迦殿的修缮工作总算完成。众僧请来行超主持殿内事务。此时大殿内外粉饰一新，还有尊像需待摆设。众僧讲此时禀告给镇守沙侯，沙侯听闻后，欣然施与丰厚财物。行超于是更加不辞劳苦，一边倾囊襄助，一边广化善缘，终于将殿内尊像建造、安放妥当。大殿正中设释迦牟尼像一座，左右另各列八座尊像，皆是宝相庄严。另有各类供具若干，亦是精巧细致。当地州侯每年都会到释迦殿内做道场，祝祷福佑。而那些祈求风调雨顺、消灾解难的百姓，也都来这里烧香。至大德十一年（1307），行超的徒孙子闻又将释迦殿重新修缮了一番。从淳祐八年的大火到大德年间，前后及经历了一甲子光阴。时有名儒牟巘（1227—1311），曾任南宋大理寺卿。元兵攻陷临安之后，他便一直隐居浙江湖州，闭门不出。普照寺千僧堂、释迦殿重建后，智受和子闻都曾向牟巘求文以记，他欣然允诺。此外，普照寺有千佛水陆院一座，占地甚广，大德二年（1298）由惠慈大师主持修缮，元德、净恩、净心等人协同辅助。寺僧也为此向牟巘求得记文一篇。牟巘所撰的这三篇文章后被制成碑刻，后来的志书又将这些碑文尽数收录，才让我们今日幸得知宋元之际普照寺高僧们的善行功德。

大德六年（1302），有人撰《普照寺续古录》一部，记载了普照寺从中唐到元初的兴废变迁。尤其是宋室南渡之后，寺中殿、院、堂、楼、塔等各处的诸多变革，在《续古录》中皆有详细记述。明末崇祯年间的《松江府志》中有这篇《续古录》的删略版本，后人据此对于宋元时期的普照寺旧观可作大致了解。大体上，经过宋末元初的一番兴建与修复，普照寺已基本恢复其极盛时期的壮丽规模。

元末战乱，普照寺又一次旷废，入明以后，道敏曾一度重建。然寺中住持一位空缺良久，管理寺中事务的僧官忧形于色，与众僧言及此事，大家商议之后，皆举荐南广福讲寺的心渊法师担任住持。心渊法师法名居敬，别号兰雪，早年拜于大报恩寺一雨法师门下，担任主管接待的知客僧，后来又受教于杭州大集庆寺东源法师。心渊学问深厚，德行高尚，曾奉旨校点经书，是诸寺众僧之表率。宣德五年（1430），心渊来到百废待兴的普照寺担任住持，他夙夜匪懈，为古刹之复兴辛苦操劳，加上十方人士布施相助，历经十二年，终于重振山门。寺内释迦、观音、弥陀、药师四殿，普贤、看经、千佛三阁，以及井亭宝塔、钟楼宝藏、廊庑院舍都逐一兴复。

明代中期，几任松江知府皆官声卓著，他们对普照寺亦有建设功劳。正统年间（1436—1449），赵豫任松江知府，鼎力营建普照寺正殿。天顺间（1457—1464），知府李惠重建三大士殿。成化十四年（1478），王衡知松江，大力兴建西方佛殿，一时未能完工。成化二十三年（1487），刘璟担任松江知府，他带头捐赠俸禄，以兴建佛殿为己任，僧官净心等人倾力协助。自弘治四年动工，至弘治六年落成。净心特意竖石一块，请南京兵部尚书张鎣撰写了碑文，记载诸任知府的功德。

海月堂中原有房屋五楹，日久年深，风雨垂剥，到了明代已不复旧观。万历三十九年（1611），一位姓钱的居士募资翻修，中间供奉大士，旁边供奉海月与东坡；十余年后，来自蜀地的禅宗大师太虚来此完成修建，因此处与东坡之渊源，故更名"景苏阁"。景苏阁东边是秀朵轩和涵晖室，西边是香水海和静观堂。静观堂中供奉白衣大士，崇祯三年（1630），性敏法师在此诵经。因庭中有古柏一株，董其昌（1555—1636）将此处题为"柏子庵"。明末，香水海和柏子庵为被附近居民占据，到了崇祯年间这一带几乎全部荒废。普照寺西面的住户里，就有一位晚明的松江府名人陈子龙，时为党政领袖，最终抗清而死；他的宅院名为"平露堂"，堂中刊刻过著名的《皇明经世文编》，这地方应该与普照寺接近。

到了清代，普照寺又见倾颓之势。雍正三年（1725），上海县有节妇某氏，以一己之力倡议布施，请求捐赠钱财，鼎新古寺，恢复旧制。此妇花甲之年，膝下无子，故而她修寺并非是要为后人积聚功德，时人皆谓她善根深种。然而，尽管大家对她的宏伟誓愿万分感佩，可念及工程之繁杂、花费之浩大，私下里都觉得此事难成。但这位节妇心志坚定，百折不挠，散尽家财之后又典当珠宝首饰、变卖田庄，身体力行地参与兴建之事。数月之后，普照寺焕然一新，其辉煌壮丽之貌，俨然东南名刹。康雍年间著名文人王顼龄（1642—1725）乃华亭人氏，时任武英殿大学士（正一品）兼任工部尚书，加封太子太保。他远在京中听闻故乡节妇有此善举，大为动容，专门为此撰写碑文，以传后世。乾嘉年间，陆续有寺僧和里人对普照寺加以修缮，寺内诸处多能维持旧貌。到了清末，普照寺又见萧条。光绪二十年（1894），华亭县令童宝善和娄县县令张绍文一同将俸禄捐赠，用于修缮之事。二人一呼百应，当地僚属、乡绅纷纷踊跃捐资，历时四月功成。

自民国二年（1913）起，北洋军阀、北伐军先后在普照寺内驻兵。日伪期间，这里又为伪警察局所占据。抗战胜利后，仍为县公安局占用。到解放前夕，普照寺已名存实亡。解放后，政府在普照寺旧址上新建了自来水厂。此地仅剩两株古银杏是昔年旧物。

普照寺南边的一条河名曰"日月河"，河上有桥，桥上有碑，碑上石刻浮雕"十鹿九回头"。关于"十鹿九回头"的含义众说纷纭，流传最广的说法是，松江府乃鱼米之乡，物产富庶，宦游经商者就像"十鹿九回头"一样，十有九人对故乡恋恋不舍。普照寺桥湮没之后，这块"十鹿九回头"碑，被移至松江府署谯楼"云间第一楼"中保存，1949年以后送至醉白池。今天醉白池所见的"十鹿九回头"碑是后来的仿制品，原石碑则收藏于松江博物馆内。

"天通庵"是个什么地方

即便再普通的上海市民，似乎也应当听说过有一条经过虹口、闸北两区叫做"天通庵路"的马路。如果是再资深一些的"老上海"，想必能报出曾经淞沪铁路上的一个车站"天通庵站"。若是对近代史、抗战史感兴趣的人士，一定能指出"天通庵站"的附近，就是"一·二八""八·一三"两次淞沪抗战的主战场；天通庵站便毁于那场战火之中。甚至，更为留心地方史志的本地人会精确地指出，今天虹口区的天通庵路近宝山路口南侧，仍保有当年的一段铁轨，隐隐露出一丝当年喧嚣的痕迹。

不过，即便连"骨灰级"的地方史志学者恐怕也无法轻易地解

图 25 天通庵站遗址

图 26　天通庵站旧影

答，"天通庵"究竟是个什么地方——那究竟是一座庵堂，还是一个地名？如果是庵堂的话，我们还能找到它的痕迹么？

一、一座只剩名字的寺院

仅凭这个名字，想来"天通庵"应该是一座佛教庵堂，完全不错。不过，这座小庵似乎真的没有在地方史志中留下太多痕迹。即便有上海地方志办公室所编《上海府县旧志丛书》可以通检存世上海地区方志文本，也只能找到一些的一鳞片爪。

今天淞沪铁路以西的市区地带，在近代之前一直不归上海县或松江府管辖，而是长期属于苏州府嘉定县及之后所析的宝山县（隶太仓州）治下的一个著名的市镇：江湾镇。尽管"天通庵"附近已距离江湾镇治所多达十里地，属镇外的农村，但因此地接近开埠后的上海滩，近代以来的乡镇发展反而还胜过本埠县镇，所以在上海建"特别市"前后，这片区域就被正式划归上海管辖。

在今天存世的嘉定县志系列中，我们找不到有"天通庵"这个名字存在，应该可以推测至少在雍正二年（1724）宝山从嘉定析出之前,"天通庵"可能尚未创建;或者即便存在,其影响也是微乎其微。"天通庵"最早的记载,出现在光绪七年(1881)定稿的《光绪宝山县志》"寺观"类中江湾镇"崑福寺"条末,不过那也仅出现了名字,其他一无所书。(按志文:"又有迎真道院、西林庵、天通庵。")到了民国十年(1921)刊行的《民国宝山县续志》卷五"寺观"类中,提到了"天通庵"的位置,并且知道此地已经办起了小学,赶上"庙产兴学"的潮流了。(按原文:"天通庵,在南乡结一图,附见前志[即《光绪志》]'崑福寺'条下。今内设芦滨小学。")好歹有了一些线索。

这所庙产所改的小学,全名"芦滨国民学校",由一位叫严涛的江湾本地人所建,开办的时间在民国元年(1912)八月。办学初期,这里有学生七十五人,一年经费1 085元(参见《民国续志》)。上海特别市成立后重编的《民国宝山县再续志》(1930)中,记载这所初小在民国十三年(1924)曾易称"江湾乡立第二初级小学校",两年后筹建上海特别市,这里划归闸北市,易为"芦滨初级小学校"。十几年后的生源增长不多(九十三人),经费似乎还减了(每年经费1 048元)。再往后的志书里,这所学校并"天通庵"的记载就少了;最终校址并庙址可能就在那场淞沪战役的大劫难中不复存在了。今天尝试通过"芦滨初级小学校"寻找天通庵的可能基本也没有了。

说到类似天通庵这般庙产兴学的状况,可算是近代江南重要的社会风气。一来江南地方注重教育的传统根深蒂固,且毫不妨碍对新式教育的接受;二来江南古来"尚鬼",自然是庙多。晚清以来,宝山境内自吴淞至江湾一带的国民教育,大有开时代先锋之气息,今天从旧县志中可以看到,近代宝山境内几乎把大多数的寺观庵堂都改为基础学校。旧时便作为学校建筑的孔庙、学宫自不当说,城乡里的观音堂、狮吼庵、忠义祠等场所也纷纷被征设新式初级学堂。其中,有一所集庙产之大成的学堂:宝山县立师范及其附属小学。它们校址竟遍历宝山文昌祠、陈忠愍公(化成)祠、财神庙、火神庙等各处祠庙,可谓集齐了天地人三才的精华;而这所历

图 27　县志载袁希涛像

遍战火与时代沧桑的学堂，就是今天的宝山中学；它的创办人，是宝山本地赫赫有名的教育家、两任民国教育部次长，同时也是复旦公学创始人、同济学校复校人之一的袁希涛。

天通庵所改的学校名称中的"芦滨"，显然指的是位于一条简称叫"芦"的河边；江湾境内就有一条，名为"芦泾浦"。这条水由南往北，自黄浦江经虹口港，再于当时的虬江附近，分出沙泾、芦泾二浦。芦泾在西，于虬江（今虬江路、邢家桥路附近）为起点，折西经今横浜桥，再贯穿淞沪铁路，由江湾西镇出走马塘。县志记载此水穿淞沪铁路后，曾"折北"而过天通庵，如此则庙、学确实就在芦泾浦水边。

不过近代修志人又跟我们开了个玩笑。民国以后"芦泾浦"的名字与近邻的一条河名混淆了，错误还被保存到了今天；如果照着旧志寻找今天的"芦泾浦"与河滨的"天通庵"，很可能会变成了悬案——因为"芦泾浦"被无缘无故改了名字；而夺了"芦泾浦"名分的，正是东侧相距四五里的那条同源同终的河流："俞泾浦"。"俞泾浦"得名于河边的俞泾王庙，庙址就在江湾镇东南，庙中祀汉霍光。霍光神祇在上海周边非常受欢迎，宋代以来金山海边就建有忠烈昭应庙立其神主，最早可能要追溯到三国时候吴主孙皓梦见霍光降神、力保海塘无虞的传说；上海县两位城隍中有一位就是他。此处俞泾王庙里的霍光，可能也与周遭近海，民众有求于霍光神有关。晚至上海特别市时代所修《民国宝山县再续志》中依然清晰地表明，"俞泾浦"南自屈家桥南铁路桥（此桥殊不易考，位置当在今上海外国语大学虹口校区西）起，北至走马塘上的奎照桥下走马塘止。此河旧名江湾浦，就是江湾镇得名出处，还有个更为通行的名字"沙泾"沿用至今。但嘉业堂主刘承干所藏光绪《重修宝山县志稿》（今藏浙江省图书馆），里面已经混同芦泾、俞泾浦。县志稿中已经将天通庵置于俞泾浦侧，尽管其对芦泾的记载，仍大多依据光绪旧志。这本县志稿向无流通，但今天河道命名中依然犯了一模一样错误：芦泾故道今天叫做"俞泾浦"。更为吊诡的是，今"俞泾浦"西平型关路再西侧，还有一条叫作"俞泾港路"的马路，似乎指示那里与俞泾浦之间的联系，但那里距明清老俞泾浦切线位置，已相去两三公里路了。

二、作为村名的"天通庵"

虽然作为佛教庵堂的天通庵，在传世文献中默默无闻，但庵堂的周围，仿佛受了天地精气，紧随着近代上海崛起的步伐迅速发展。近代以来的"天通庵"已不仅仅是个庵堂的所在，它还代表了周边的一大片"村集"之地，这便是江南常见的"因寺成镇"。旧志中记载，芦泾浦上有座道光年间重修的"永宁桥"，位置"在天通庵"，此处的"天通庵"就是村集之名，不应简单视作桥在庵中。

江南地区素有因寺成镇的传统，光上海地区便能找出多处实例：法华寺而有法华镇、七宝寺而有七宝镇、真如寺而有真如镇、南翔寺（云翔寺）而有南翔

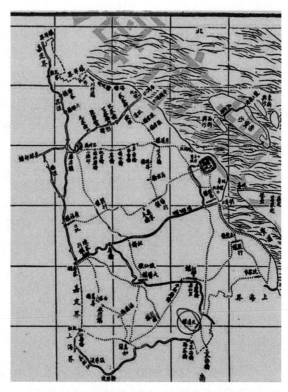

图 28 《光绪宝山县志》地图中的天通庵镇位置

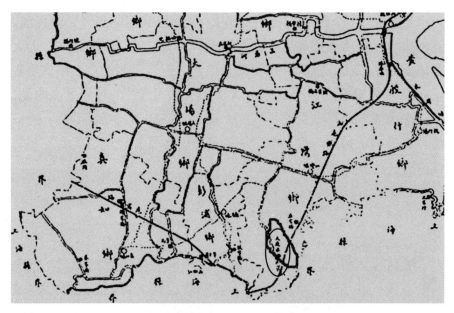

图 29 《民国宝山县志》中的天通庵

镇、龙华寺而有龙华乡，静安寺不仅有旧时静安寺路，今天更是保留了静安区这样的大名。天通庵虽也因循此例，终仅命名了村与街道，连庵堂本身都不易寻觅，这较之法华、七宝、真如、南翔、静安这几座江南有名大刹，确实不能同日而语；但天通庵一地却因中国的近代化浪潮，以及此后更为严酷惨烈的战争，以更为特殊的方式而扬名于世。

　　比如，光绪宝山志中就提到，"天通庵"是江湾镇治下第一繁华的村集。虽然这里一开始是一个小农村，但地近租界，毗连商埠，民国初年已经有商铺二十余家，并开设有丝厂、染织厂等机构，村市面貌日益繁华，已经与大上海商场无异，"迥非曩时村集气象矣"（《民国宝山县续志》卷一），这里有"福和""三元""文记"诸厂产的丝绸、"精益"的皮革、"三益"的绵线球、"美华利"的自鸣钟、"宝山玻璃公司"的玻璃，用今天的话来说，产业结构较为合理。

　　天通庵本身也是淞沪间水陆交通的重要中转。航运之外，民国初天通庵地区便有多条新修近代马路可通达，其中大多数故道甚至是路名，还保留至今。江湾镇至天通庵之间，有条清光绪中叶时所修的石路"江湾路"，起点是江湾镇走马塘南的香花桥，终点就是天通庵，长约九里，为商贩往来要道，由天通庵一带蜀商公所的职员张杏农发起建造的，今天这条路大约就是新市路—西江湾路沿线。另一条路更是以"天通庵"为路名；天通庵路也一直保留至今。此路为民国六年所筑的泥石混合路，长五百十丈（约1.5公里），造价四千八百余元，当时尚有"二百丈"没完工。那时所筑天通庵路，西起会馆路，东至横浜路，今天横浜路以东至天通庵站遗址部分还未修建。今天的天通庵路基本在民国原路的基础上扩建而成，从今天马路所及可以推测，这一带应该是当时那个重要"村集"天通庵的核心区域。老天通庵路西首的"会馆路"，今天应该就在静安区会文路附近，那里曾以湖州会馆而闻名。著名的湖州会馆曾是中国共产党早期的总工会所在地，1927年上海工人第三次武装起义与之后一个月的"四·一二"政变，都曾在这里留下深刻的历史印记。

　　有鉴于这片村集的重要性，光绪年间两次修建上海至吴淞铁路：吴淞铁路（1876）与淞沪铁路（1897）在始发于上海的第二

图 30　"一·二八"事变后日军占领下的天通庵站

图31　十九路军三位指
挥官。从右到左
分别是蔡廷锴、
蒋光鼐、戴戟。

图32　南京灵谷寺中两支参加"一·二八"抗战的中国军队阵亡将士纪念碑

站都选在了这里。当时修火车站的惯例，车站都设在市镇中心的外
围，上海站（老北站）被放在了上海县与宝山县交界处，江湾站放
在镇南崑福寺旧址边，天通庵站也放在了这片村集的北面，天通庵
路犹未能修到的地方。

1927 年 3 月，为了响应北伐军，中国共产党领导的上海工人
武装，在周恩来、赵世炎、罗亦农等同志指挥下，攻占天通庵站，
将北洋军阀派来支援上海的毕庶澄部打散。毕庶澄经由租界逃回青

岛后，被其上司张宗昌授意枪决。

五年后的 1932 年 1 月 28 日，日本借口"日僧被殴"事件，乘深夜出兵天通庵车站，并希望自天通庵站进图上海站（老北站），被中国守军十九路军及时发现，双方围绕这座车站进行激烈的拉锯战。在军长蔡廷锴、总指挥蒋光鼐的指挥下，中国军队于天通庵宝山路一线与日军进行了殊死巷战。两周之后张治中奉命率由拱卫南京的警卫军 87 师、88 师和教导总队组成第五军，驰援上海前线，与十九路军并肩战斗，是为震惊中外的"一·二八"事变。

1937 年夏，日本侵华战争全面爆发，8 月 13 日，参加过"一·二八"战役的 87 师率先在天通庵边芦泾浦上游的八字桥上，与日军交火，车站附近很快又沦战场；一场被后世喻为"血肉磨坊"的淞沪会战，就在天通庵被点燃了。

三、天通庵在哪儿？

翻检县志已难以找到天通庵庵堂的位置，幸好近代上海还有存世多版老地图可供检索；但想从传世的老地图中找到天通庵，恐怕也不是那么太容易。其中原因之一，便是天通庵村集一带曾位于华界之外，上海旧时地图多热衷于绘制租界华界的市区范围，而对有铁路相隔的"郊区"或多或少有些敷衍。比如老地图中的代表作 1947 年出版的《上海市行号路图录》（更流行的名字是《老上海百业指南》）中，便只画到四川北路横浜桥附近，正好忽略天通庵。甚至，且不论村集之地的天通庵，就连赫赫有名的淞沪铁路第二站的天通庵火车站，好多地图都不标出，这实在让人挠头。民国二年（1913）商务印书馆出版的《实测上海城厢租界地图》，就在最边缘角落里提到了"天通庵"。

图 33 中用圆圈标出者便是天通庵位置。不过此图中天通庵已非常边缘，殊不易判断其准确位置；而近在咫尺的天通庵站，地图也未能标出。不过，其中与天通庵相邻有一座"俄国教堂"值得注意。

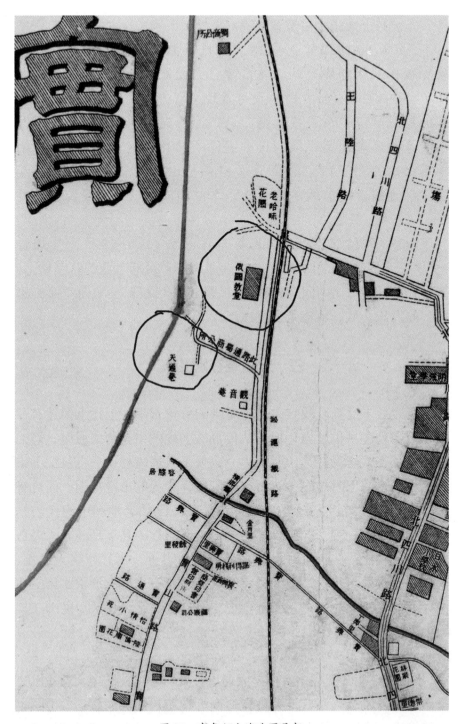

图 33　商务版上海地图局部

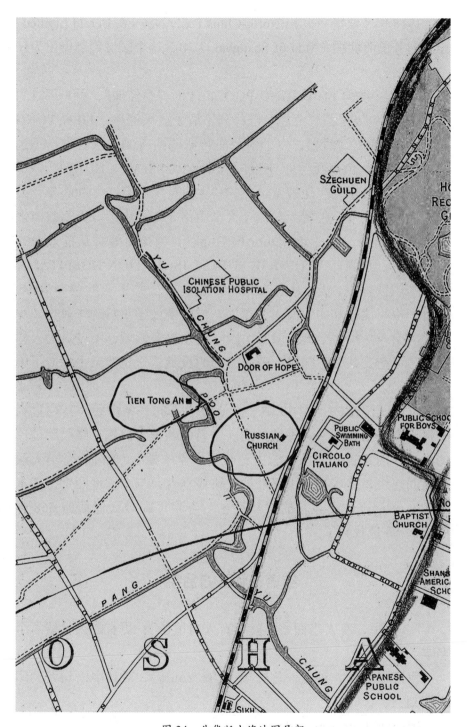

图 34　北华版上海地图局部

1918 年《北华捷报》（North-China Daily News & Herald Limited）出版的《上海地图（Map of Shanghai）》中，这个区域绘制得更为仔细了。

图 34 中的"YU CHUNG POO"，即为"俞泾浦"，可见那时的本地人口中"芦泾""俞泾"已经分不清了。天通庵"TIEN TONG AN"的位置更为清晰，位于俞泾浦转弯的西南侧。隔着俞泾不远在铁路西侧，依然可见那座俄国教堂（RUSSIAN CHURCH）。那里就是中国最早的东正教堂之一的"主显堂"，始建于 1903 年，毁于两次淞沪战争，位置大约在今天宝山路 874 号附近。天通庵与俄国教堂西北侧，有一处"Door of Hope"，为当日解救从良妓女的"济良院"，西侧有"CHINESE PUBLIC ISOLATION HOSPITAL"，即"中国公立医院"；从县志来看，这两家公共事业的创办人中，都有一位叫沈敦和的宁波人。作为一位剑桥大学法科的毕业生，沈氏学问出入法律、工商、教育、国际关系等多领域，不过最为人称道的是他在公共卫生与医疗普及方面的贡献，正是他亲手缔造了中国红十字会。

更可以注意的是图 33 中"天通庵"下的一条虚线，其位置当为建设中的天通庵路，庵前大路以庵名命名是为惯例，路面跨过芦浦泾处，应该曾经有座县志里记载的"永宁桥"。俄国教堂与天通庵之间连线，基本与宝山路淞沪铁路线垂直，与今天地图查得基本相似。终于，这座著名的"非著名"寺院（即今天通庵路 668 弄附近），算是找到了。

结语：顽强的名字

"一门里，有人当面子，就得有人当里子"；更有的人就留了个名字。

我读书时候，钟爱一首民谣《I'm Yours》，对其中一句尤其印象深刻：

It's what we aim to do,

Our name is our virtue.

这句"名字即我们的优势",用在天通庵的身上可谓异样的别致。这座在乡镇地方都不甚受人重视的小庵堂,因为地理、交通、商贸甚至是战争等多重因缘,硬生生将自己的名字刻进了驳杂丰富的近代史之中;即便长久以来谁都不记得它的庵堂身在何处。

套用一句佛家讲的,"说是天通庵,即非天通庵,是名天通庵";找寻天通庵的一开始,我们便知道那里不过就是一间小庙,这段找寻过程的意义,其实是为了重温那段属于近代上海的风云与回忆。

附:三伯父曾与论"天通庵"旧事于宝山潘泾畔太平禅寺,因有此文。

王启元

2019 年 1 月 28 日夜初稿

九世班禅在上海

战争疑云密布的1934年初，国民政府为刚刚圆寂的十三世达赖举办追荐活动的同时，还希望让漂泊内地的九世班禅大师，能够顺利回到后藏。但在英帝国主义者的阻挠下，班禅大师未能成行，只能继续盘桓内地。在这因缘下，大师遂与当时远东最繁华的大城市——上海，开始一段传法之缘。

图35　九世班禅像

图36　戴季陶像

九世班禅，全称班禅额尔德尼·曲吉尼玛（1883—1937），是藏传佛教格鲁派第九世班禅额尔德尼，本名仓珠嘉措，法名为罗桑图丹·曲吉尼玛·格勒南结贝桑布，世人尊称曲吉尼玛。大师出生于前藏达布地方噶夏村。据刘家驹先生所编的《班禅大师全集》说，班禅"寄父名当珍，母名当琼措姆"，"班禅生而母哑"。

1934年的3月份，国民党元老戴季陶（1891—1949），琢磨着在南方组织一群缁素善众，共同推动汉藏佛教互相融合，学习交融，这当然是佛教大居士的视野，绝非平凡烧香念佛者可比。他联络了一群好佛的政要人物，如褚民谊、居正，及刚去西藏祭悼达赖喇嘛的黄慕松等人，在上海发起组建"时轮金刚法会"，并借着这个机会，邀请仍流落在华北的九世班禅大师，南下弘法参访。这位孙中山助手、曾经任教过复旦大学的戴季陶，国民政府成立后就任考试院院长，三十年代成为国民政府蒙藏委员会的负责人，热衷于推动印、藏佛教元素融入中原的汉传佛教，于国于教都是有功之人。

寓居江浙的居士圈里，戴季陶推选归隐来沪、青灯古佛度残年的段祺瑞（1865—1936），为时轮法会的理事长，戴自己与另五位长老为副理事长，王揖唐、吴铁城等30人为常务理事，并推举赵恒惕等人，赴杭州组织事务所。曾经为北洋领袖的大人物段祺瑞，晚年佞佛至深，坚持茹素，也算是民国佛教大护法之一。

1934年5月，九世班禅应上海市市长吴铁城之邀，乘坐沪杭铁路由杭抵沪，自此开始对上海长达月余的重访之旅。九年前，班禅大师就曾短暂来沪上逗留；时隔九年，九世班禅二度访沪，并参访良久，无疑是上海近代佛教史上的盛事。班禅并由此因缘，会见了当日上海滩炙手可热的各界名流。拜见班禅大师的沪上显贵，并不尽是虔诚的信徒，但依然不由得为佛教大师的魅力与智慧所折服，真正由"见天地"，而"见众生"。

春夏间的5月22日下午，班禅大师由沪上著名居士屈映光（1881—1973）及受吴铁城委派、前往迎接的上海警备司令杨虎，一起陪同，乘专列由杭来沪。

图37　晚年皈依佛教的段祺瑞　　　图38　国民党元老、时任上海
　　　　　　　　　　　　　　　　　　特别市市长吴铁城

图 39 密宗红教金刚上师屈映光。民国佛教界的传奇人物，早年与秋瑾、徐锡麟等人参加革命，北伐以后，退出政坛，专志学佛及救灾慈善事业，显密兼修，迭获授记灌顶，佩金刚阿阇梨印。

班禅大师由当时位于老城厢东南的上海南站下车，出口处早已搭好标有"欢迎班禅大师来沪"之彩牌楼。到站欢迎者四百余人，著名人士有市长吴铁城、市商会王晓籁、代表段祺瑞的吴光新，及关炯之、杜月笙、张啸林、黄涵之等政商各界名流，尚有中国佛教会、佛教净业社等各团体代表，到站迎接。欲一睹活佛风采而沿途聚观的上海市民，更是络绎不绝，竟达数万人；市公安局及中国济生会均派来军乐队，锣鼓喧天，盛极一时。

班禅大师由南站前往位于枫林路上的外交大楼，途经南市（今黄浦区南）车站前路、国货路、地方厅路、大兴街、文林路、方斜路、斜桥、制造局路、斜土路、小木桥路，抵达市政府路（今平江路）。沿途均由保安队与警察布岗，外交大楼之前，特派一小队警

图 40 民国上海南站。淞沪抗战时被毁。

图 41　外交大楼。即今上海平江路 48 号原上海特别市政府旧址，位于徐汇区枫林桥地区，旧址分别为 3 号楼和 7 号楼，两座建筑通过二层连廊连接。

察驻守，戒备颇为严密。自外交大楼门前阶下起，直至二楼大师居所，均铺黄布。卧室备有红木床，被褥枕系黄缎制成，室内亦均悬黄幔。

　　班禅大师下榻的枫林桥外交大楼，是 1927 年—1933 年间上海的政治中心。该楼原为上海道台衙署，后成为江苏对外交涉使公署。1927年南京国民政府成立，黄郛受命任上海特别市市长，选定外交大楼为特别市政府办公之所。其继任者张定璠、张群、吴铁城均在此办公。1933 年 10 月，吴铁城任期内，市政府由外交大楼搬出，迁至刚建成的江湾市政府大厦，也就是今天上

图 42　上海建市后第一位市长黄郛

图 43　民国上海市政府大楼。位于今上海体育学院内。

海体育学院内的行政楼。

　　班禅大师抵达外交大楼后，还不顾疲倦接见中外各报社记者；

图 44　杨虎像。字啸天，安徽宁国杨山人，毕业于南京将弁学堂，曾任广州非常大总统府参军，时任上海警备司令。

大师的翻译为蒙藏委员会委员兼九世班禅行辕参议刘家驹。次日上午，大师接见前来拜谒的海上各界人士，下午赴江湾市中心区市府新厦答谢并参观。

　　当晚，吴铁城在海格路（今华山路783号）望庐寓邸，设宴为大师洗尘，并邀市府及沪上名流杨虎、俞鸿钧、许金源、王一亭、虞洽卿、杜月笙、张啸林、屈映光、颜福庆、郭顺、潘公展、童行白、陆京士、张竹平等众人作陪。席间，宾主饮谈甚畅，直至十时许，始尽欢而散。

　　25日晚，杨虎在环龙路（今南昌路65号）私邸设宴款待大师。

图45 时任上海警备司令杨虎故居。南昌路65号。

图46 宋子文像。三十年代初，任行政院副院长兼财政部长的宋，因蒋介石要求提供浩大的军费用于"剿共"，两人矛盾趋于激化，于1933年10月29日辞职，其职均由孔祥熙接任。辞职后，宋子文曾赴西北考察，归来后正遇南来的班禅大师。

26日上午，刚自西北考察、返沪不久的宋子文，专程至外交大楼与班禅会晤。

之后几天的会晤，班禅大师又分别在市政府茶会，招待来自中外宾客，除意大利、古巴、波兰、瑞士各国的公使外，京剧大师梅兰芳也在其列。

图47 梅兰芳像。梅兰芳先生因"九·一八"事变后，不满伪满洲国频繁骚扰，不得不于1932年迁居上海，为抒发对日寇的痛恨与宣传抗战，梅先生在沪创编新戏《抗金兵》。1933—1934年，梅先生正在准备出访苏联剧目，因班禅大师来沪，也欣然登门拜访。

图48 王一亭五十九岁打坐图

5月26日下午的那次盛大的市政府茶会，班禅除了遇到流寓上海的梅兰芳，上海滩商界大佬如虞洽卿、王晓籁、杜月笙、穆藕初等外，还有上海滩大居士王一亭。

王一亭（1867—1938）被人称为"王菩萨"，时为世界佛教居士林林长，为江浙居士界的领袖，三天前吴铁城望庐宴席上就有他。次日，王大居士陪班禅大师走访了上海佛教活动的一大中心：觉园。

觉园原名南园，是南洋兄弟烟草公司创始人简照南、简玉阶昆仲的私家园林，以简照南的"南"字命名为"南园"。因简氏兄弟笃信佛教，建造之初即在园中建佛堂，名曰"菩提精舍"。大师在上海的觉园，还会见了包括居士林在内的上海佛教界七团体。三十年代初，觉园部分园址出售后，曾建花园住宅、新式里弄，其中53号二层洋房是关炯之（1879—1942）的家，二楼最西端朝南的是赵朴初先生的房间。民国时赵朴老住园内智照堂先后有二十余年，觉园也成为民主人士集会活动的场所。

觉园盛宴上，上海大居士王一亭首先致欢迎词，班禅大师致答词。受邀出席者有已经陪同多日的沪上大佬吴铁城、杨虎、王晓籁、杜月笙、张啸林等政商各界名流百余人，直至下午三时许散席。

5月31日下午，班禅大师来到位于徐家汇的交通大学参观。校长黎照寰（1898—1968）亲自接待，延至校内科学馆、图书馆、体育馆及教室、宿舍等处参观。

图49　上海佛教居士林。原为简氏南园的一部分，后简氏兄弟将私家花园南园的西北部约13.4亩的园林、殿堂、池沼等献给了净业社，即今天觉园佛堂之处，并成为当时上海佛教净业社的主要活动场所。九世班禅来沪曾居留觉园，现在觉园三大殿内，仍设立九世班禅纪念堂。1951年，十世班禅大师也曾莅临觉园，到九世班禅纪念堂参拜。

图50　上海交通大学老照片

图 51　黎照寰像

图 52　今华山医院"哈佛楼",原中国红十字会第一
　　　　医院大楼。华山医院中的华山园,同样是民
　　　　国旧园。原为周氏私家园林,后一度归海上
　　　　闻人虞洽卿,解放后划归华山医院。

　　离开交通大学后,大师一行至不远的海格路中国红十字会第一
医院,继续参观。这里就是今天沪上赫赫有名的华山医院。班禅大
师一行由院长、上海医学院创始人颜福庆(1882—1970)先生陪
同,浏览了这里的病房及医学院等处。

　　当晚,由颜福庆安排,大师一行来到江湾市政厅不远、新落成
的澄衷疗养院参观,并在环境幽雅的江湾叶家花园设宴款待大师,

图 53　颜福庆像。他是我国近代最卓越的医学教育
　　　　家、公共卫生学家,先后创办湖南湘雅医学
　　　　专门学校(中南大学湘雅医学院前身)、第
　　　　四中山大学医学院(复旦大学上海医学院前
　　　　身)、中山医院、澄衷肺病疗养院(上海肺科
　　　　医院前身);并与中国红十字会订约合作,接
　　　　办该会总医院(复旦大学附属华山医院前身)
　　　　等医学教育和医疗机构,为中国医学教育事
　　　　业倾注毕生的力量。

由赵恒惕、屈映光、冯仰山等佛教居士作陪。

赵、屈二人与班禅大师本系旧交，此次沪上聚首，相谈甚欢。叶家花园是清末宁波籍实业家叶澄衷之子叶贻铨，在江湾所建的万国体育总会（跑马厅）边所设私人园林。叶贻铨早年曾在圣约翰大学求学，与颜福庆旧相识。颜福庆曾向叶公子谈及，上海医学院草创急需帮助，而叶公子也因"一·二八"事变后叶家花园经营不善发愁。颜福庆开口后，叶贻铨慨然将此花园捐赠给国立上海医学院，建立第二实习医院。经过几个月筹建，医院于 1933 年 6 月 15 日正式成立。为纪念叶父，乃取名为"澄衷肺病疗养院"。

图54　叶澄衷塑像。民国大慈善家。除"澄衷肺病疗养院"外，今犹立于北外滩之澄衷中学，亦为叶贻铨以乃父名义创办的。笔者曾就读是校七载，感戴乡先贤叶氏之恩不尽，附记于此。

肺病疗养院首任院长即为颜福庆；叶氏这一善举曾获当时的教育部褒扬。也由于这个缘故，颜福庆先生当日会请班禅大师前来这里休憩。叶家花园园址就在今天的肺科医院内，班禅大师当日说法聚会的小白楼依然伫立，可供后人凭吊。

今天看来，民国二十三年（1934）5 月 31 日这天，九世班禅额尔德尼·曲吉尼玛由沪上教科卫名流陪伴走访的沪上知名的大学，及两所重要的医院，都在往后的日子里享有盛名。六十余年后，当年班禅移步的交通大学，依然屹立"海格路"上；荣光无限的华山医院也曾一度成为上海医学院的所在地，业已随上海医科大并入复旦大学；曾经接待过班禅的颜福庆也位列复旦大学功勋校

图 55　叶家花园小白楼:"白庐",名"延爽馆"。叶家花园位于原江湾跑马厅东侧。清宣统二年(1910)江湾跑马厅建成后,叶从所获利润中筹款,建造了这座花园,主要供赛马赌客休息游乐。花园在民国十二年(1923)春初步建成对外开放,因其中游乐设施齐全,时人称之为"夜花园"。

长。同时,已沉寂半个多世纪的叶家花园马路对面,则竖起了复旦大学的标志性建筑光华楼。

　　班禅大师这次来上海,最为关心的是沪上实业,可以看出,大宗教家并不是高高在上、只有空谈性理,而是实实在在关注社会生活的。这种"人间佛教"的精神,也是近代以来世俗佛教改革的一个大方向,身在江南的太虚大师(1890—1947)毕生都在促成这种佛教的近代化改革——在这一点上,汉藏佛教心照不宣,也体现佛家两大宗派在顺应佛教发展上所作出的努力是相通的。

　　班禅大师素来对国货实业颇为关心,此次来沪,先后参观了上海多家具有代表性的国货工厂。5 月 31 日下午四时许,班禅大师率随员来到位于曹家渡的江南制纸公司工厂参观。同时,美亚织绸厂总经理蔡声白（1894—1977）素闻班禅大师关心实业，特邀前往参观其马浪路（即今天马当路）总厂，并献呈为班禅大师特制的黄色美亚绉。大师为表谢意，亲题藏文祝词，意为"三宝多福，吉祥如意"。

图 56　蔡声白像。著名民营企业家，其经营的上海美亚丝绸厂是民国年间首屈一指的大型丝织企业，产品不仅畅销国内，而且远销南洋。

6月1日上海市国货运动展览大会在蓬莱市场开幕。组织者闻知班禅大师对实业甚为关心，专程邀请班禅大师前来参观。6月7日下午，班禅大师如约赴会。当日，沿中华路、蓬莱路及永宁路口之大牌楼均扎黄布，悬"欢迎班禅大师"横匾，连会场四周的竹篱墙也贴满了欢迎标语。欢迎大会结束后，主席团引领班禅大师及诸位代表参观，由大礼堂出发，经永宁路、蓬莱路，至蓬莱市场内的蓬莱银号休息，绕行参观。大师对此次展览陈列的国货商品赞叹不已。

1934年，几乎已是平静中的旧中国安享的最后夕阳。"九·一八"后，东北丢失，日寇虎视中原，中国人的内心，皆存有不同程度的惶恐与压抑。班禅大师此行，也来到吴淞炮台凭吊先烈，并为众生祈祷和平。6月2日上午10时，班禅率随员由市府科员陪同参观吴淞炮台战区。抵达吴淞，即往炮台凭吊。

班禅大师饱含深情地说："前年沪变时，余适在蒙古，消息传来，心中异常怆痛。今参观炮台战绩，仍历历在目，可见当时炮火之猛烈，人民痛苦更不堪言状。现贵处市面，在万分困难中，已能恢复旧观，足见在座诸公努力地方建设，实可钦佩。余乃一佛教信徒，别无力量赞助，只能在冥冥中为诸公祈祝健康。"班禅所说的"前年沪变"，指的就是1932年的"一·二八"事变，蔡廷锴十九路军在闸北、宝山抗击日本入侵的事迹。

图 57　蓬莱市场，亦称蓬莱国
货市场。由近代著名实
业家无锡匡氏匡仲谋于
1929 年建成。地址位于
上海老城厢蓬莱路中华
路口，占地 24 亩，是旧
上海时期华界内著名的
市场，向来人气十足，
被誉为 1930 年代的国货
大本营，曾多次举办国
货展览会。

图 58　淞沪抗战前后的吴淞炮台

　　6 月 3 日上午，在江湾市政府举行上海市民欢迎班禅大师大
会，参加者 2 万余人，车水马龙，人头攒动，盛极一时。吴铁城宣
读恳切真挚的欢迎辞。班禅大师首先指出"西藏和蒙古是我国重要
的国防"，突出强调了其维护国家统一的夙愿。继而从佛教渊源、
文字演变、学问内涵等方面作了"五明之学"的精彩演讲，并为全
国祈祷和平，为上海市民诵经祝福。班禅祈祷时，有中外两名录音
师在旁，通过无线电播音机向大众广播，时人称这是科学与宗教、
物质文明与精神文明之完美结合，极为恰当。

此次九世班禅，前来上海，所到之处，受到上海各界热烈欢迎，表明近代上海市民对国家统一、社会安定的热切期盼；上海佛教界也因为班禅大师的亲临说法被泽，生辉不已。但在近代中国内忧外患、民生凋敝的大背景下，班禅大师发大宗教家之心，为上海为祖国许下的这些愿望，又是那么遥不可及。一代佛教宗师为国家统一、民族团结作出了不可磨灭的贡献，其心之诚、其言之挚，非言语能表达。

图 59　淞沪抗战时的蔡廷锴将军

作为近世中国最重要佛教流派的代表，藏传佛教格鲁派领袖班禅大师，不仅为上海信众与普通市民展示了宗教中高高在上的神圣与权威，还有那种人间佛教中最亲民最"人间"的关怀。在班禅来上海访问期间，受到班禅大师感召的佛教工作者、信仰者，都在日后的生涯中，为佛教事业的推进与发展，贡献自己的力量。除前面提到的戴季陶、王一亭、屈映光们外，最著名的就是当日曾受班禅大师灌顶的赵朴初先生，日后也成为一代护法大居士。班禅大师来上海的月余时间经历的一切，也应是上海佛教于中国佛教传统中不可磨灭的贡献吧。

说起藏传佛教，身在江南的我们会觉得，离我们的信仰生活有点远。诚然，红衣法帽的藏传佛教出家人，与我们在汉地见到的穿着袈裟海清的法师完全不同；而藏传佛教中的寺院规制、跪拜仪轨、诵经的语言，以及整个宗教神圣空间中的体验，都有很大的区别。但汉传佛教与藏传佛教二者共同出自佛陀说法，一样承认四法印，皈依三宝，四众弟子都按律部规定受戒，以正见破除三界烦恼，追求解脱苦与苦因；又因为二者同属大乘佛教，皆

图 60　1988 年，赵朴老（右）
和十世班禅翻看新出版
的《乾隆版大藏经》。

有利益众生为目的的菩提心，追求不同于小乘教的不住二边涅槃
等大乘教义。所以，历史上汉藏两大佛教宗派间长期拥有互相交
流、学习相长的传统；尤其时代来到了二十世纪，两地交流较古
代更为频繁。同时各种各样信仰以外的因素，也影响着宗教家与
他们的信众。

　　如今的藏传佛教传统，大约是在西藏朗达磨灭佛（838—
842）以后一百余年，才慢慢开始建立，被称为藏传佛教"后弘
期"；这个时候大概是晚唐时代。公元 1041 年印度的阿底峡大师
到达西藏，并开创藏传佛教噶玛派，藏传佛教这个佛教宗派，开
始真正进入中国历史的潮流。这个时候，正是北宋中原纷乱的时
代。北宋的东北面是契丹人建立的辽，西北面是党项人建立的西
夏。其中，西夏朝廷很快接受了来自高原的藏传佛教传统，北方
的大辽及后来的金朝，也相继步西夏后尘。南方的大宋，则保留
了晚唐以来汉传佛教的传统，将来自印度佛教义理，逐渐中国
化。这时的中国佛教主流，开始沿着汉藏两个不同宗派，各自走
向巅峰。

　　蒙元统一中国后，深受统治者青睐的藏传佛教，开始在全国层
面得到推行，明清两朝时也有不同程度的传承。自从西夏开始，经
历元明清，将近一千年的佛教交流史中，在中国大片土地、甚至是
东亚诸国宗教体系里面，藏传佛教一直占有极其重要的位置。这里
不是说汉传佛教不重要，但是在近世中国佛教源流中，汉传佛教的

影响力在国家层面确实较弱，尤其在佛教影响王权统治的层面，较之藏传佛教确实弱化很多。近世佛教源流的话题，本不是只言片语可以总结；但藏传佛教作为中国文化史中最重要的组成之一的身份，决定了它与华夏大地的不解之缘。

藏传佛教中本来门派林立，对中原影响最大的，一直大概是三四个大宗派。到了明末清初时，其中一个相对后起、但是领袖卓越的宗派，彻底成为藏传佛教诸派中、处于统治阶层的宗派，那就是常说的格鲁派，也叫黄教。黄教的领袖在明清易代之际，通过引入蒙古固始汗的武力，统一了蒙藏大部分地区。几年后，他们又借助清廷的力量赶走了蒙古人，并归奉清朝。同时，处于统治阶层的蒙古、满洲贵族，又反过来皈依了藏传佛教。

格鲁派中有两个最重要的活佛系统，分别是管理西藏地区的东边、也就是前藏的达赖喇嘛，以及管理西边地区、也就是后藏的班禅额尔德尼。这一制度实际开始于晚明，到了雍正朝实行著名的金瓶掣签制度后被强化。两大宗教领袖及其僧团，在清代基本保持对全藏的管理职责。直到时代巨变的晚清，西藏与中原的思想、政治全面近代化，西藏也面临外人觊觎、政教混乱的格局；藏传佛教旧有的格局被打破，也导致一代大德九世班禅流落内地。

印度被殖民近三百年的时候，英国殖民者终于按耐不住要打仅一山之隔的中国西藏的主意。尽管那座山（喜马拉雅山）"稍稍"高了点，清末时英国人终于还是两度侵犯西藏，逼清政府签了多个不平等协议，捞到了

图 61　宗喀巴大师画像。宗喀巴大师是藏传佛教格鲁派的创立者，藏传佛教史上最卓越的佛教理论家与改革家之一。

不少好处。第一次西藏抗英战争，发生于清光绪十四年（1888）西藏与今天锡金接壤的隆吐山地方，因武器对比悬殊，藏军失败。在第一次抗英战争中，当时拉萨的十三世达赖方面，和后藏的九世班禅，态度都是完全一致对外的。

时间到了光绪三十年（1904），英军在深入后藏，攻占春丕、帕里后，进抵日喀则门户江孜。经过激烈的战斗，江孜堡垒被毁，就是电影《红河谷》后半段表现的江孜保卫战情节。8 月初，英军沿后藏进军拉萨，十三世达赖被迫出走外蒙。这一时期，是英帝国主义者向西藏地区进行军事侵略时期，也是西藏僧俗人民进行英勇的抗英战争时期。

十三世达赖（1876—1933）名土登嘉措，是九世班禅的老师。平心而论，他也是位卓越的宗教家与政治家，但是在国家纷乱之际，没有处理好地方与中央的关系，最后使两大活佛间矛盾激化。直到 1909 年（清宣统元年），十三世达赖辗转自青海黄教祖庭塔尔寺，启程返回西藏。九世班禅从扎什伦布寺，远道前来那曲接驾。但与此同时，清廷派川军入藏，名为"护驾"，土登嘉措对此不满，遂与驻藏大臣发生尖锐矛盾。1910 年川军前队抵拉萨，沿途发生骚乱，一时全城震动。十三世达赖恐遭危险又一次出逃。清朝政府根据驻藏大臣的建议，宣布"革除"达赖名号。

十三世达赖两次从西藏流亡，一次是 1904 年 3 月底在江孜大败后，第二次冲突发生在 1910 年与清廷不和。土登嘉措一离

图 62　电影《红河谷》剧照。电影的后半部分讲述了英国远征军侵略西藏，成千上万的西藏人民为保卫家园，不畏强暴，与英军展开了浴血奋战。最终，丹珠（宁静饰）唱着古老的情歌，与敌人同归于尽。

开西藏，班禅便被认为是天然接替者。清廷建议他取代达赖，九世班禅顾全大局，考虑到他代理达赖的职权，只会增加他们之间的隔阂，对西藏内部的团结是很不利的。可土登嘉措及他的左右随从们便对班禅心存芥蒂了，日后又渐渐升级。1912 年 6 月，十三达赖从印度返回拉萨，班禅从扎什伦布寺去江孜迎候，达赖一开始还拒不接见。后改在热隆寺会面，但会谈的结果并不愉快。

两位大喇嘛关系最终破裂，是因为达赖不断对班禅管辖的后藏地区施加了越来越大的政治和经济压力。班禅辖区的经济收入仅为前藏的十分之一，但达赖却要他承担四分之一的军费。到了 1923 年北洋政府时期，入冬的 11 月，土登嘉措责令班禅缴纳五百万两银子及大批粮食、牲口，还将九世班禅手下召到拉萨，全部拘留。11 月 15 日晚上，九世班禅带了几名重要侍从连夜出逃了，一行人星夜潜行，经旷野草地径直北上，达赖得报班禅遁去，派骑兵向北追截。最终班禅大师逃到青海境内，开始了终生的流亡生涯。

自从来到内地兰州起，班禅就受到北洋政府及国民政府的礼遇。作为藏传佛教领袖的他，不仅是西藏宗教界的偶像，而且对蒙古的事务具有影响力，蒙古的王公贵族与普通牧民都是喇嘛教的虔诚信徒，因之国民政府任命班禅为国民政府委员、西陲宣慰使，传法蒙古东北及华北。但是，这一切都无法消弭班禅心中的酸楚。恢复自己在西藏的宗教地位，回到住所扎什伦布寺，是大师最强烈的愿望。1931 年，国民政府曾两次派代表去拉萨，提出十三世达赖应欢迎班禅回藏，两人在藏政教权力"应维持原状"。南京的使者谢国梁，于到达拉萨前一日神秘死去，最终成为悬案。之后拉萨噶厦政府又百般刁难班禅；直到班禅派高僧安钦呼图克图去拉萨继续商议，似乎有了转机——但这一切，又因十三世达赖去世，而突然中止。

1933 年 12 月 17 日下午拉萨传出了惊人的消息：第十三世达赖喇嘛在拉萨圆寂，终年五十六岁。虽与班禅不和，但十三世达赖对维护祖国统一，尤其在英国侵略者面前周旋逶迤，无不显示出一代大德的智慧与忠心。从 1933 年底至 1940 年春、下一代转世灵童坐床的六年多时间里，整个西藏地区达赖班禅两大活佛世系，竟无一人能在藏地主持事物，这大约是明清以来藏传佛教史上绝无仅有的。

流亡中的班禅九世很快得知达赖圆寂的噩耗。尽管两大活佛间的怨恨、误会没有在生前消除，但他依然向西藏、西康、青海和内蒙大寺布施大洋七万多元，祈祷土登嘉措大师早日转世。在国民政府首都南京，班禅大师主持了政府为达赖大师举行的追荐，并要求国民政府追封土登嘉措。1934 年 1 月 21 日，国民政府追赠十三世达赖为护国弘化普慈圆觉大师，举行悼念活动，并派后来的蒙藏委员会委员长黄慕松，到西藏祭悼达赖喇嘛。这一切，也是为了能让班禅回到扎什伦布寺作准备。对九世班禅来说，这是他重返西藏的最好机会。

但是班禅回藏之行，却依然障碍重重。西藏噶厦政府与英国人纷纷从中作梗。如英国提出，中国军队不得入藏，要求班禅从海道经印度入藏；而拉萨地方政府噶厦也表示，护送九世班禅的蒙汉官兵不许到拉萨，只能在札什伦布停留 5 个月，然后从海路返回内地，并要有所谓英国提供的"国际担保"。遭到班禅的拒绝，噶厦改为要九世班禅立字据，保证蒙汉官兵在西藏只住 5 个月；保证班禅从此归达赖管辖。如果不接受，噶厦就准备以武力阻拦班禅回藏。

图 63 黄慕松像。黄慕松时任新疆宣慰使、省党部指导委员长。1935 年 3 月 15 日任蒙藏委员会委员长。

身在南京的班禅大师，与朝中居士护法一起努力，却无力回天。此时，国民政府中江浙居士领袖戴季陶特意

图 64　青海玉树结古寺

安排百忙中的班禅大师，于 1934 年初夏访问上海，也就是班禅大师与上海的一段别致的因缘。但逗留上海滩月余的班禅始终没有等到返回扎什伦布寺的机缘。最终，他只得逡巡于康藏边境数年，故园虽近却觅不得归路。

　　1937 年 7 月，抗日战争爆发，忙于应付战争的国民政府无暇顾及西藏事务，也确实不愿意因之恶化与西藏地方及英国人的关系。8 月 24 日，南京方面正式要求班禅暂缓回藏。10 月初，班禅一行在大雪纷飞中，撤回老川藏路上的重镇玉树。一代爱国宗教大师九世班禅，在郁闷与遗憾中，于 12 月 1 日圆寂在结古寺中。这一天，也是抗战中最凄厉无奈的南京保卫战打响，未来一月不到的时间，数十万亡灵盘桓国民政府故都四围而不去。九世班禅凄凉的晚境，似乎也可看作近代中国的一个小小缩影。

全真道在上海

金庸小说《射雕英雄传》《神雕侠侣》中有个被喻为"天下武学正宗"的大门派：全真派。由"天下五绝"之首"中神通"王重阳创立，座下"全真七子"都是武林中的高手，在武侠小说中享有极高的声誉。金庸小说里关于全真派的故事当然是有其历史背景的。从大宗师王重阳到"全真七子"丘处机、郝大通等人，都是道教史中的核心人物。约在宋末金元之际的公元十二世纪，由王重阳创立的全真道教派别，迅速在整个北方中国赢得大量信众，今天山东、河南地方仍有大量全真道教的宫观遗址。元统一中原前后，这支新起的道教教派传到江南，全真道观开始在苏松嘉湖地区出现，并传播开来，历元明清以至近代，薪火不绝。在传播的过程中，全真道自身也在明清之际出现了兴衰互替的状态，这种现象被归结于明代全真道的衰落与清代龙门派的兴起，也有学者对此做出过响应与考察。其中尤以吴亚魁教授《江南全真道教》一书为讨论江南道教历史与文献的开创性成果。

全真道在上海也留下了不少印记，据统计，上海所存元明清以及近代各个时代的道观，共计长春、太素、真圣、真道、巢林、万寿及玉皇山上海分院、海上白云观（雷祖殿）等宫观7座，觉云坛等坛8处。另有祀吕祖宫观如华亭蓬莱、上海正阳、奉贤纯阳、川沙纯阳等宫观，也因为接近全真而被计入内。即便在上海道教场所中，这些全真宫观也不算数目众多，但其中几座全真宫观，还是有可论之处的。

一、松江府城长春道院

历史上上海地区最早建的全真道道观，是元代大德十年（1306）

所建的长春道院，由郑道真道长所建。长春道院位于松江府府城南门集仙门内桥北，为境内全真教道观始祖。入明后，长春道院归并院七、庵堂二。民国时修《华娄续志残稿·方外志》，其中提到长春道院时，道院"已圮"，建起了新堂：

> 民国五年（1916），里人杨竹山集资重建两楹，塑观音于其中，名长春庵，以存旧名。

入晚清民国，长春道院已经衰落。最后竟然变成了佛寺，上海全真之祖庭的变迁不禁让人唏嘘。

元代长春道院建时，有名家所作所书的碑记存世，可见当日道院兴盛的状况。这块碑记的作者是元代著名诗人杨载（1271—1323）。载字仲弘，关于籍贯的说法比较复杂，一说江西浮梁，一说浙江龙泉，可以确定的是祖上出自福建蒲城。晚年的杨载定居杭州，博涉群书，极为赵孟頫所推崇，后以布衣召为国史院编修官，元仁宗延祐二年（1315）登进士第，受饶州路同知浮梁州事，这也是他在《长春道院记》最后落款的官名。杨载官至宁国路总管府推官，英宗至治三年（1323）卒，年五十三岁。著有《杨仲弘诗》八卷，文集已散失。此碑书写者正是杨载的长辈好友、书法界名家赵孟頫，赵所书石碑行书二十二行，行四十一字，不知尚存否，但有拓片传世。府志载石碑立于至治元年（1321）四月。《华娄续志残稿》则载，洪武三年五月，长春道院住持嗣孙薛道冲立石。且民国时"存万年公墓"，石碑已难判断其位置。

杨载《长春道院记》载：

> 余游松江，假馆长春道院，其主人则钱塘郑君道真。余日与郑君言，请问于郑君道于何而求之，道院何为而构于斯也。郑君之言曰：仆幼时闻北方人为全真教，其祖师则长春丘真人。得炼气养神之道，入火不焦，入水不濡，出入有无，

变化不测，寿无所止极，与天地终始，心甚慕焉。父故将家，将卒千人戍守严陵，因病免官，其军之大将将以仆名闻朝廷。予父旧卒，使袭父官。仆自念，苟学道有功得如丘真人，虽贵为王侯犹不足比拟，何有于列校哉？縻系于此，终不得为所欲为者矣。遁去，至永嘉，师受道要，居密室中累年。一旦，心跃然思归，不可制止，归则父母皆已卒葬。慨然叹曰："身无却顾之忧，吾道其遂成乎！"于是益务远游，至松江。松江人无为全真教者，非仆客朱氏，则俱托于逆旅主人。仆遂有志结庵，买地二亩，筑室四间，度弟子朱道本等，使嗣守之，以待来者。仆寻去之丹阳，欲渡江，不果，复还永嘉。是时邑中大家计肃、夏世昌二人志尚清虚，雅好道术，增地七亩，创制为今道院，使人招致仆主其事。余闻北方人以全真名教，始重阳王真人。金之衰也，诸侯割据，山东鼎沸。王真人之貌异于常人，慨然有拯天下之志。天数夺其计，其徒壮士叛己，因绝食。居山中积数年，有道为神仙，度弟子七人，丘真人最后出。本朝闻其贤，遣贵臣刘仲禄迎至漠北，谓太祖受命于天，为万姓除残贼，必毋多杀。上感其言，斩刘之威大为衰止。繇是山东之人始有生殖之望焉。夫为道者，无为而无不为，唯善藏其用，则可以功济天下。古之人有知之者，子房是也。今丘真人以度世为业，而能尽力匡维，有补于万亿年之鸿绪，絜功盛大，讵让子房哉？今为其学者，皆绝去嗜好，以牺恶为衣食，室中徒设榻，植坐内踵，状类禅定，而中有所事事，其法具于抱朴子。第丘真人之道，显重于世，故学者推之以为祖焉。道院之制，为前殿祠事老子，其外两庑，其后为堂，高下降杀，与殿相承。余所假馆直堂之东北隅，曲径深宵，有池水丛竹之胜。郑君之为人无骄气，无惰容，色常欣欣然如鬌齔为童子时。乡人化其善，贤者乐从之游，郑君视之泊然，不以系累乎其心。有道之候，庶几在此。至治元年四月十五日，承务郎、前饶州路同知浮梁事杨载撰。

全真道于元代发展极为兴盛。杨载为官时曾到松江，暂住在长春道院之中，道观的主人就是他的方外朋友郑道真道长。郑道长是杭州人，杨载问他为什么到这么偏远的松江华亭新建道观。郑道长说，自己小时候就听说北方传有全真道，祖师是长春真人丘处机，练了全真教就会得炼气养神的方法，水火不侵，变化莫测，而且可以长生不老，"与天地终始"，所以就生钦慕之心。郑道长的父亲原来是军籍，可能是某个卫所的将官，父亲去世后他本来要世袭这个职位，结果郑道长一意清修，也为了弘扬全真道，放弃了自己的军籍，觉得如果自己学成全真道法，就连王侯们都不能跟我比，何必还要当低级军官。如果还在卫所，自己还要听命各种军令，始终无法"为所欲为"、继续自己的修行。所以他离开戍所，先到了温州地方，遇到了一位老师，教了他不少修行的方法，反让他迷失修行很多年。终于有一天，郑道长开悟得法。这时他回家一趟，知道父母都已经过世归葬，感慨之余也彻底放松，自己已身无牵挂，可以更为远游修行了。

郑道长的下一站就是松江府。不过元代的松江府一带根本没有听说过全真教，若不是一位姓朱的本地人接纳，估计刚来上海的郑道长要露宿街头了。不过正所谓"发现困难，解决困难"，既然这里没有全真道场，那郑道长就要在这里建一座出来。所以他在这里买下了两亩地，造了一座小庵，收了那位姓朱的人做弟子，起名为朱道本，让他在庵中修行看家，郑道长继续出门云游。后来他大概想去扬州，但到了丹阳没法渡江，所以又回了温州一趟。还在外地的郑道长收到消息，松江府城华亭县里有两大户：计肃、夏世昌，两人喜欢修行，对全真道尤其感兴趣，把郑道长所建小庵又扩大了七亩，又让人来温州把郑道长找回去主持观务。杨载来松江游玩，正是郑道长主持这座新拓寺院的时候。

杨氏本人熟悉北方，自然对全真道颇有了解，也提到了丘处机"一言止杀"的传说，对全真先贤礼赞有嘉。他看到的这座松江第一全真道观中，前殿供奉着老子，外侧是两庑，其后

图 65 赵孟頫所书碑文拓片

为堂。他住的客房，在直堂的东北方向的小花园内，有池水丛竹之胜，一看就知道是清幽的地方。郑道长的性格也跟这片宫观花园一样，每天乐乐呵呵，像个孩子，所以他在本地传法也顺利，士大夫都愿意跟他交往，即便如此郑道长似乎也不是很放在心上，长春道院也在松江府地方人士护持下，逐渐发展起来。

晚年的赵孟頫也长期在上海地区活动。赵氏为艺林耆老，他出手书丹，确实显示出不凡气象，为全真道在上海地区发展打下良好的基础。据民国志书载，当时石碑尚存，但可能是明初重立的了。

二、蓬莱道院

蓬莱道院也在松江府城东门内，之前有学者并不认为其为纯粹全真，因其创立较早，当据祀吕祖入列。

元至正中，道士李德安建蓬莱道院。明朝洪武庚申（1380），道士金志信等重修。道院东庑有梓潼神。旧祠于县学，祠后有竹林，据说在科考之年时，以笋进室中，卜荐士之多寡，近神坐则占前名，其验如响。成化庚寅（1470），提学陈选以神道家者流非学所当祀，道士李朝阳因请祠于此，仍塑吕真人配之。华亭县学原供奉的"梓潼神"，大约是太过灵验的关系，神祠的竹子能预测考中的比例，使得刻板的理学家表示不满，"梓潼神"即"文昌帝君"也被移到了道观之中。万历中，这里再建利济侯祠。正德十四年（1519）秋，震雷碎殿柱。嘉靖初，道士卫大溥率其徒钟秉彝复修。万历间，上海士大夫乡绅俞汝为倡建八仙祠于东偏殿。清朝乾隆四十五年（1780），道士戴儒珍募建梓潼阁。明年，宫观为飓风所毁，由里人钱世美重建，还在阁下祀吕真人。五十五年，里人张清源建三霄殿。嘉庆十八年（1813），道士何丹山募建利济侯祠后殿。咸丰十年（1860），毁于兵。《华娄续志残稿》载，入民国后院宇尽毁，惟存一殿。

蓬莱道院除为道观外，院中诸殿还担任祠祀的作用。松江府痘神庙，祀宋代以来"七总管"金矿，累代有封，上海有三座别庙，其一就在蓬莱道院。另上海金山海边旧有"忠烈昭应庙"，祀汉代名臣霍光，也有一别庙设在蓬莱道院内。蓬莱道院有两篇明代人所书碑记，一为正统时上海士大夫钱溥，一为正德间礼部尚书上海人孙承恩。钱溥（1408—1488），字原溥，号遗庵、九峰，正统四年（1439）进士，因蔷薇露诗称旨，特授翰林院检讨，历任春坊左赞善、侍读学士，曾入内阁整理国家藏书。与修《寰宇通志》《大明一统志》。官至南京吏部尚书，谥文通。钱撰《重修碑记》云：

> 府治东百五十步，旧有道院曰蓬莱。宋绍兴间，地生灵芝，纯阳显著灵迹，因名，诚吾松第一山也。自元至正间道士李德安复建，岁久倾圮，洪武初金志信重修。永乐中陆道泓来住持，继李朝阳戒行超卓，道术高妙，常以殿宇卑隘，不足以壮观一郡为歉。成化初，先构两祠，请县学内文昌像奉于左，塑纯阳像奉于右。勤苦精修，不十载，四众皈依，遂以其徒江守澄竭力经营，撤而更之。正殿三间，高四丈六尺，广视高倍五丈一尺，深倍广者四丈八尺。后殿三间，广与高深俱杀焉。正殿真武居之，后殿老子居之，文昌、纯阳二祠则徙于后殿前之左右，利济侯祠以及山门诸所焕然一新。其殿始工之日，正余奉敕致仕还家之又明年也。越三载而落成，朝阳乃谒余请记其事。余常闻朝阳教其徒若孙有曰："吾辈绝俗之士，忠孝大事既不得与，亦当以一念不欺为忠，一事不苟为孝。"深窃叹其道家者流本清静无为，而朝阳独尚忠孝，殆学老而行儒者

欤？此余于是院所以乐为之记也。遂俾录归刻诸石。正德三年
戊辰夏五月。

钱溥所云，南宋高宗年间这里天生瑞相，地生灵芝，"纯阳显
著灵迹"，连吕洞宾都显灵了，当时来看，这是松江府最灵验的地
方。此宫观早年似为全真，但入明代后递有补充祠神的进入。比如
明宪宗成化年间，李朝阳道长以宫观面积太小，不足以"壮观一
郡"，所以在增建道观时候把县学里面的文昌帝君请来陪吕洞宾，
结果十年内果然信徒大增。他的徒弟江守澄继续经营，蓬莱道院越
来越红火，造起了全新的建筑，新落成的道观有正殿三间，高四丈
六尺，后殿也三间，较旧观规模更大。其中正殿供奉的北方真武大
帝，后殿供老子像，两侧则有吕洞宾与文昌，还有江南特有的利济
侯祠。大殿开工重修，正好是钱溥退休第二年，所以落成之后，还
是请这位老士大夫来写碑文。钱溥记下了老道长李朝阳的一席话
挺有深意，修道人已经不太参与尽忠尽孝的事业，那只能就自己
修行方面以忠孝精神要求自己："吾辈绝俗之士，忠孝大事既不得
与，亦当以一念不欺为忠，一事不苟为孝。"做到一念不欺、一事
不苟，不得不说这句话还是很有境界的，钱溥也感叹李道长是独尚
忠孝，学道家而接近儒家的典范。

孙承恩（1481—1561），字贞甫，号毅斋，华亭人。正德六年
（1511）进士，授编修，官至礼部尚书，兼掌詹事府。嘉靖三十二
年（1553）斋宫设醮，以不肯遵旨穿道士服，罢职归。谥文简。
孙承恩不愿附和道教皇帝明世宗着道袍上朝，不代表他不亲近道
教。他曾作《蓬莱道院重修碑记》，府志所录为其后半，全文存氏
著孙承恩《孙文简公瀼溪草堂稿》卷三一：

> 昔者吾圣人之教人也，必欲于人事之所当然者，殚厥心
> 焉。其所以桢干植立，弥缝曲成，为世道计，天地永位，万物
> 永育，极万世而无斁者，不敢苟也。自夫老氏以清静虚无为
> 教，而庄周列御寇之徒，推大其旨，托于方之外以自异。彼固

鄙人事而弗之屑，彼固颓弛废放，以为全其天真。彼固狭宇宙
蔑万古以为高，彼固厪厪焉私其身。视形骸之外，举无所与甚
矣，其不合我圣人之道也。然而后之为其徒者，乃复不尽然俛
焉以勤厥生，偲偲焉尽厥知虑。方且公其心，而不为身之私。
方且为永图，而不苟于朝夕。方且惴惴焉，若有所负。方且恳
恳焉，有所冀而求以自慰，是若有同乎？为吾道之用心，不亦
倍其师说哉？夫老氏之教，其所谓方之外者，固尔然，而非有
其徒群聚，而慎守之，而诵习之，崇奉之，则其教亦且随其身
远，不过三四传，止矣。今则历久而显暴于世，良由其徒，仿
佛得吾道之意，以维持之。庶乎知吾圣人之教之终不能外，此
君子之所以于其徒，若是者，而必嘉与之也。松有蓬莱道院
者，在郡治东百五十步许，地当通衢，委巷北折甚幽寂。元至
正三年道士李德安创，岁久而圮，国朝洪武初一修于道士金志
信，而制犹未称。成化癸卯住持李朝阳与其徒江守澄始改建
之。易卑为崇，廓隘为广，辟陋为深。中为正殿，祀真武，祀
其师老君于寝殿。祀文昌君并唐吕真人于左右庑，于是规制始
备。正德己卯秋，震雷碎其正殿之二柱，江之徒住持卫大溥者
率其徒钟秉彝复修之，支倾补弊，益以藻饰，则陛级峻整，丹
彩华焕，地若拓而益完，殿若升而益崇，景若辟而益幽。明轩
静牖，深院曲房，花木葱茸，雅洁躅丽，若不与市廛接也。院
初未有记者，大溥至是谒予，告曰：院无记，非惟无以为山门
重，抑无以诏后人以缔造之艰，且将泯泯以至堕废，而奉教之
无所也。溥实惧，愿赐之文以刻石。呜呼！吾圣人之教，涵育
乎一世，彼异端者自生自死，于吾道之中而不悟，而仅得吾之
粗浅以自卫其教，而冀传之后。于是见吾道之大，而彼异教者
亦何以异也。故因其请而告之，使其徒于是庶几有所省哉复原
其教，而申以诗曰：

道原于一，浑沦沕穆。宰世立极，吾道攸属。老氏者作，
同源异曲。清净为宗，恬淡寡欲。阐教传世，久益显暴。爰
有攸处，以寄高躅。奕奕斯宫，松城之隩。地僻而窈，光景清

淑。创自胜国，郡乘可覆。明益开拓，殿宇高矗。于赫圣帝，玄衮皂纛。金印宝剑，龟蛇承足。太上高居，寝殿严肃。文昌纯阳，冠弁羽服。万灵诃护，四众瞻瞩。岁在单阏，雷斧栋木。天威有临，若儆玩渎。有大羽士，戒行贞独。值变兢惕，忏悔退伏。竭力缮治，倒廪罄椟。藻饰其余，罔有弗谷。若增而胜，丹彩溢目。瀛海异境，恍在尘陆。颇疑其间，仙侣栖宿。神药灵芝，皓鹤玄鹿。白云迷户，香霭覆屋。允惟清虚，迥隔凡俗。石磬瑶笙，玉版金箓。考击鼓钟，警彻昏旭。玄台冥冥，丹府煜煜。泊然虚无，神明内烛。匪兹灵区，曷断诸欲。思贻厥谋，言谨其属。爰诏史氏，彤管纪录。刻之贞珉，庸代面告。咨尔后人，罔敢弗勖。精进焚修，秉志诚笃。毋隳前功，殚力继续。上祝皇釐，下祈民福。四气顺布，雨旸寒燠。以及众生，均囿化育。嘉靖十有一年壬辰岁秋八月既望。

蓬莱道院位于府治华亭县东侧的城外大路边不远，但附近却甚为幽静。正德年间一次打雷击碎了正殿面前的两根柱子，李朝阳弟子江守澄门下的卫大溥道长，率他的徒弟钟秉彝施工修复，整个道观也焕然一新，孙承恩这篇洋洋洒洒的长文就是为这次修复工程所写。

三、正 阳 道 院

正阳道院建于元至正十一年（1351），本地道士潘守真建，在之前的宋仁宗景祐四年（1037）在此曾建三清殿。元代上海县阴阳学设于此。忽必烈在县一级开始设置"阴阳学"机构，专门对民间巫师等神职人员进行管理，元代的正阳道院便是上海县的"阴阳学"所在地。此地俗呼水仙宫，曾经供水仙五圣，后祀孚佑帝君、吕祖仙师。明嘉靖丁未，前后屋宇毁于火，至丙申重建。后三清殿倾圮，康熙二十一年（1682），道士张尔宿重修。入清后，观内曾设"纯阳帝君祠"。乾隆二十六年（1761），僧息妄募捐，重建三清殿并前后院，改名"真一禅院"，也由道观改为佛教。

此地曾有《正阳道院记》，嘉靖丙寅夏六月，上海大士绅潘恩所撰，顾从礼书并篆，今不得传。县志载清代邑人朱在镐《重修三清殿碑记》：

> 道家有南北二宗，南宗自东华少阳君，授汉正阳子钟离权，权授唐进士吕岩，六传而至白玉蟾；北宗自吕岩授金王嚞，嚞授弟子丘处机等，展转相授，不绝如线，而要皆本于正阳。沪城水仙宫，相传为纯阳炼丹之所，而门额则榜曰"正阳道院"，盖溯吕岩所自来也。道院创自宋景祐四年，至明嘉靖丁未前后俱毁于火，而三清殿独存。至丙申而毁者复葺，潘笠江先生记其事。而要皆为前明时所盖，橼唯三清殿则宋时遗址，巍然灵光者六百余年，岁久物蠹，亦其势然也。乃羽士张尔宿则引为己耻，弘发誓愿，不呼将伯，不一至富人之门，而鸠工庀材，至辛酉冬焕焉鼎立，远迩瞻仰，无不肃然。非尔宿之诚与一，亦何能光复故物乎？此余推本正阳之义，而又详列废兴之岁时，以附于笠江先生之后云。时壬戌仲秋之五日。

朱在镐追溯的"东华少阳君"，当为少阳帝君，全真道北五祖之第一祖，姓王讳诚，字玄甫，号少阳，又号东华子。系天仙东王公所降生，乃亦称为东华帝君，传说生于战国时。不知此处为何作"南宗"始祖。至于他追溯的正阳道院出自吕祖炼丹之所，可以想见，当日应该还是全真的道观。

乾嘉时上海易学家李林松，也曾撰《重修正阳道院记碑》：

> 正阳道院者，邑人所建以祀孚佑帝君吕祖仙师者也。殿始建宋景祐之四年。其成前后院者，元至正十一年里人潘守真也。明嘉靖四十五年重建者，以丁未毁故也。国朝康熙二十一年之修且改门南向为东向者，道士张尔宿也。继修者，李澂也。乾隆二十六年之修又名之为真一禅院者，僧息妄之所募

也。嘉庆九年，今住持僧定修始以重修鸣于路，凡五载，檀施稍稍聚，前松太道蒋公、今松太道钟公暨知县苏公、王公先后捐廉俸若干，于是庀材饬工，若大殿若山门，若文武圣神祠，听事有堂，憩息有轩，百废具举，至十六年而工竣，顾未有记。考郡邑诸旧志，县南有水仙宫，祀茅竹水仙，今无考，士人率呼院为水仙宫。叶梵殊曰："向供水仙五圣，康熙初毁，奉天妃焉。"今妃秩祀在顺济庙。此固可无庸。一本或作"小仙宫"者，字之伪也。道院、禅院，缁黄妄生分别，而大道本无歧视，宜记一。嘉庆十五年定制，以仙师入祀典，有司即于院将事，则定修之慕若有先期者，其宜记二。向之祀水仙也，以城市阛阓多郁攸灾，而院居东南偏，取女丁妇壬妃火厌胜之义。今仙师斟酌元化，顺布五行，呼护之，倍有灵，益信，其宜记三也。正阳者，仙师所从受法钟离仙师道号，院以是称，溯所从出也。虽然，其义不止此，今夫仙佛宗旨则曷有不出于正者乎。仙师尝言忠孝外无神仙，又云阴一分不尽则不仙，则阳之义也。院相传仙师烧丹所，然于故籍无征。今赤子之心发而中节，则毗于阳，驯而熟之，可以为圣贤、为仙佛、为大丈夫。蔽于欲，徇于习，则失节而于入阴为鬼趣。斯其为丹也，莫大乎是。仙师日揭其丹于楹间以示人，而蚩蚩者未之悟也。悲夫！掘地及泉，固不可曰水专在是，然亦乌睹水之不在是也。如是则虽谓今之院为仙师烧丹所，亦宜。院固近道署，前后两观察、两明府暨邑士之助义举者，定修之能勤其事者，皆得书。且有望于后之人善成之，卑勿坏。庶几永永无斁也，于是乎记。

李林松追溯的历史多出自府县志，入清后此地三教并奉，既有天妃、水仙，也有释子，"道院、禅院，缁黄妄生分别"，不过吕纯阳依然颇有影响，当时的嘉庆十五年，官方宣布定制以"仙师"吕纯阳入祀典。但是这座曾经的全真道观，到此时大约整体已经变为一座寺院，所以李林松这篇碑文也写得模棱两可，看似记述重修了道院，实际把这里全真、佛陀、天妃的儒释道信仰都捧了一遍，可谓一碗水端平，严丝合缝。

四、万 寿 道 院

万寿道院在上海西面青浦县小西门外，初名"神清道院"。康熙二十六年易今名。有廉余草堂、养素堂、礼石山房、满香亭、小蟾窟、浮青阁、恰受舫、眺云处诸胜。四围竹树葱郁成林，池水环之，遂为青邑琳宫之胜。此地成为青浦一风景卓著之地。清乾隆时重修《青浦县志》，青浦籍大文人王昶主持修撰，修志局就设在万寿道院，县志载：

> 右王志序三篇、小序三十六则。考志修之始，在乾隆四十六年，辛丑。主修者杨卓，总修者王昶，采订者王希伊、朱澍功，监梓者孙凤鸣，分纂者廖景文、陆惇宗、蔡源、邵玘、沈江、诸祖均、潘畴克、沈求立、陈韶、顾岳、邱思燕、张梦鳌、陈洙、诸生。陆宝锷、胡师谦、陈梦麟、诸生。蔡凤瀛、蔡文洽，总校者史善长、王陈梁、陈兴宗，董事夏传诗，局设万寿道院。至五十一年，丙午。书成，越二年，付梓。今得初印本及朱改本，校见行县志，显有不同。《明斋小识》所以云孙宰重纂，任咸友，多所增损也。兹皆据原序录之。

著名的《乾隆青浦县志》，就是王昶带领本地士大夫，在这里修成，可见万寿道院在乾嘉时期的重要性。但到了《光绪青浦县志》里，则载其已废，不过就两百年不到的时间。王昶同时代有为青浦本地人王原，写过《万寿道院记》：

> 青邑出西郊一里而近，有万寿道院。其始名神清道院。自康熙二十六年奉蠲赋恩诏，院之侧石梁斯成，人曰："成梁者，蠲之余也。"因名其桥曰"万寿"，以志上之德，而道院亦更

今名，以为圣寿祝釐之所。考道院未建时，有一真武像浮水而出，村民见者群异置之田间，以为嬉戏。有一介龟随之，挥去复来，众始惊异，乃结草舍，奉像其中。厥后民大病疫，舍旁之民忽感异梦，折水滨柳枝和以香灰治疫，辄效，人争传之，以为神异。于是易以瓦甓木石，而真武殿斯成。道士徐中白又于其前建斗姥阁三楹。……斯阁临清流，面广野，城南诸峰历历出林梢，如髻如笠。三冬木落，月夕雪晨，寄目舒怀，于此为最。其地去余居甚迩，故余踪迹颇数数然也。全真吴紫垣继中白之后，尤矢苦行，鹑衣鷇食，行募累数载，乃建弥罗阁于真武殿后，厥工宏钜，为我邑胜观。紫垣为人，朴愿而挚，殆吾儒所称善人志士庶几近之者与！迨紫垣卒，而居是院者屡易其人，乃延周邻裔来主是席，能甘贫约，守之以恒。往岁曾为邑令祷雨辄应，远近迎请，治鬼祛病亦辄效，于是四方响应。邻裔以人之施，续紫垣未竟之绪，且以真武殿庳陋弗称，撤而重构之。其宏钜与弥罗相并，今功已过半，施者方集，其成可睹，亦可谓难能者矣。……其地居邑之乾位，乾，天象也；左坎右泽，水象也。弥罗阁有天帝，以居上临下，中祠真武，于礼合矣，以是为祝釐之所，所为承天之佑，泽被下方者，民之愿也。余嘉二士之勤，故备书之，俾镌于石。

碑文里指出，万寿道院最初"真武像浮水而出"，后见道观。入清后有全真道长吴紫垣主持扩建，观中"弥罗阁"，"为我邑胜观"，成为青浦的标志性建筑。接替吴紫垣主持万寿道院的，是周邻裔道长，他是清代上海知名的全真道长，县志中有其传记：

周维新，字邻裔，神山王姓子。周端揆抚育之，因冒其姓。既长，愿出家。慕何宏士道法，从之游，尽得其蕴。先寓天圣庄道院。康熙三十六年夏旱，知县鲍学沛请邻裔祈雨，立降，岁获有秋。先是道士吴教源，字紫垣，徽州人。出家齐云山，至青浦，适邑人因龟蛇出现，构元武小庙于西郊，教源居之。誓愿创兴，历二十年建玉皇阁，复建临流小阁，以供斗姥。欲建大殿未就，卒。给事中王原请邬裔主玉皇阁，道风大扇，远近邪魔幽隐之疾，争求驱治，应手绝效。有致馈者，储之一器，粗衣蔬食泊如也。积累既久，重建山门及斗姥阁，又撤玉皇阁而新之，名万寿道院；置田七十亩，为常住斋食。晚年，嘱其徒刘敏，曰："用志不纷，乃凝于神，三教无异法也。"不饮食二十余日而化。敏亦以道法称于时，兼工诗画。

周道长在青浦威望极高，比如青浦知县曾请其求雨，一一应验，万寿道院得以在康熙朝扩建，周道长居功至伟。周氏再传刘敏道长。限于材料不知周氏是否为全真弟子。

县志另载《钟铭并序》一篇：

周炼师邬裔，居万寿院，以其术，时雨旸，祛沴厉，已怪疾，有请辄效。酬以直，不私用，大庀材木，兴作院宇。又募铸大钟及钜鼎，糜铁二千余觔，属余为铭。铭曰：攻金之工，谁职为声。惟古有志，凫氏之能。铣于次上，是为鼓钲。钲上曰舞，舞上甬衡。旋虫篆带，枚景以名。不柞不郁，侈弇适平。撞击圆隧，非可寸莛。鲸铿雷殷，用开沈冥。下方沔性，周择通笭。训用音闻，堪此铎铃。遍满无边，心地顿清。如寐初觉，如醉始醒。钜鼎未就，钟遹观成。西亭老人，为作斯铭。及鼎成又铭，曰：院之作，肪吴氏，成于周。吴以一，周以二，工维鸠。胡岂然，奠斯鼎，旌乃休。

钟铭未署作者，但文中对吴、周师徒评价同样有加。另有青浦知县贵州人洪亮采，曾所作《道院基址田地减科记》：

万寿道院，肇自国初，宏于近岁。溯其历祀，周甲子香火相延；考厥住持，守庚申神灵永奠。琼楼贝阙，峻极云霄；玉笈牙签，携由洞府。洵来苏之福地，亦沪渎之仙津矣。惟是琨圃芝田，仍隶周官之籍；云房月闶，宜输禹甸之金。昼掩松扉，剥啄时惊鹤梦；夜朝斗极，催科屡触鸾鸣。抱朴子药白夜春，宁解输征之扰；钟离翁丹房晨护，奚堪会计之求。用是珂里仁人，咸议捐赀而减额；社中好道，欣然计亩以抵科。檀那施涓滴之波，羽士息输将之累。从此瑶台夜静，步虚闻环佩之声；金鼎风清，丹灶得坎离之济。其为功绩，曷既言宣；爰取舆图，用镂碑版。

盛于清代的万寿道院到了民国已经全址尽废，仅存"平屋三楹"若干建筑，名称也改成了"斗姥阁"，万寿之名不复存在了。

五、朝 真 道 院

朝真道院，在松江九峰之一的篝山北福泉山（后属青浦）上，有全真道人薛泠云，曾居此修炼。元至顺二年，里人任仁发建。明洪武十九年，道士杨德誉重修。二十四年，并入玄通观，三十五年复。乾隆四十六年重建。咸丰十年，太平天国起义时毁，再重建数楹。清中后期有位叫王挥云的娄县（今属上海）人，从青浦高道周维新游，受其法，居篝山朝真道院，珠里（今朱家角）士民慕之，请本地主城隍庙，负责"祷雨伐鬼"，做些法事，据说都能灵验，那位高道的弟子王道士，看来也是颇有些功力的。

元代上海文人邵亨贞，曾有篇关于朝真道院的碑文：

云间因九峰之秀以为城邑，山之源鰼西南而来，盘踞起伏亘三十余里，趋东北而止。又北二十里，有小丘十余亩隆然而起，相传曰福泉山，盖古所谓息壤者，乃山川余气所聚也。或曰上有甘泉，故名焉。是为浙东宣慰使海隅曹公梦炎之世业。有元大德年间，有学老氏法者颍川薛泠云，善丹砂修炼之术，至此而乐之，乃结庐修习其上。曹氏慨然以此丘与之。居无何，浙东宣慰使龙江任公仁发又为营造祠宇，凡殿堂门庑泊居室稍完。中像北极玄武帝君，命之曰朝真道院，江湖游学者乃始踵至。任氏复归土田以具饮食，而真宇之事粗备矣。泰定年间薛就委化，里父老与院之徒众相与集议，延至关中杨草庵继守院事。杨尤洞明宗教，众所推信，竭力缮治，凡旧所有悉充广而即新之，其所未有复加增制。问道之屦益满户外，乡之人士又皆以田租入焉。至正年间杨亦谢世，弟子孙道纪嗣守之，辛勤恪慎，业以不坠。

这片松江府城外的山林之地，原来是元代江南巨富曹梦炎的产业。一位擅长外丹的颍川道士薛冷云来这里修炼，曹大户就把这座山给他做了修炼的场所。薛道长出名后，浙东宣慰使任仁发又为他建了宫观，供起了真武大帝，宫观的名字就叫了"朝真"。薛道长羽化之后，大家商议邀请关中人杨草庵道长，主持宫观，朝真道院在众人的护持下发展迅速。杨道长殒后，再由他的弟子孙道纪主持。可见元代全真道在上海影响面颇广，从华亭到青浦皆有遗迹。

六、玉 宸 道 院

玉宸道院，在佘山西麓，元至元二十一年卫宗武建，光绪年间即已废，传世材料记载无多。卫宗武为宋末元初上海文人士大夫，关于他的材料也不多，只知道他于宋理宗淳祐间，曾历官尚书郎，出知常州。罢官闲居三十余载，以诗文自娱。宋亡不仕，著有《秋声集》八卷存世。其《玉宸道院记》载：

木铎振于夫子，而儒之名始彰。老氏生于周，为柱下史，夫子自鲁驾而问道焉，又从而问礼焉，谓非儒不可也。其著五千言，说者訾其尚道德，贬政教，与儒不相谋。噫！是未溯其源耳。盖自惟精惟一之传浸远，上之道化微，下之情伪滋，违行而取仁，先利而后义，礼至于慝，乐至于淫，风靡澜倒，愈变愈下。老氏思欲得古圣人功化，密融于无声无臭之中，使夫人丕变于不识不知之际，反其太朴之天，以还邃古之风，遂为是愤世矫俗之论，而不觉其激也。今观其言养生修身，去声色，贱货利，戒穷黩，贵慈让，与儒不殊。而所谓得一以贞，即天下之道，贞夫一也。无为而无不为，即寂然不动，感而遂通也。我无欲而民自朴，即意诚心正而天下平也。恶有异旨哉？故《鲁论》《轲书》斥隐怪，距杨、墨，而无片辞非诋老氏。至子云防有槌提绝灭之讥，及昌黎、河洛诸儒目为异端，与释并言，其故何哉？良由学仙者尽诬其说于老氏，末流之弊，杂以方伎，恢诡幻怪，而宗主吾道者，乃不得不隐全斥异，明其所尊，理势一也。然其论道穷玄造微，未易探索，而近不遗家国，细不弃民物，汉之君相法之，以成宁一之治，讵可以仙术概之哉？是以朱文公嘉与之，谓文帝、曹参得其皮肤，伊川指《谷神》一篇最佳，涑水注《道隐论》，而后山亦掫古说，谓关老之书本于六经，微言至论，要不可泯。信乎！其辞之愤世矫俗虽少贬于儒，而道则无二也。余束发诵经史，暇辄窥其书，久有志焉。由毗陵归，于是以先庐为考妣祠，而于中祠老子。犹歉然以地临阛阓，不足徒寄玄栖白之士，历纪且半，乃卜佘山西隅，倚高瞰清，鼎建靖宇，为楹逾百。殿以奉天之主宰焉，阁以奉三清得炁之先者焉，祠以奉祖考，上至曾、高，存报本反始之敬焉。堂一纳老氏之流，混而处焉；室四延儒士之侣，列而居焉。堂之左右为复宇，以位主副。阁之东南为联屋，以隶职掌。首之崇阁，翼之边廊，贯之中庑，殿以明轩，周旋有地，燕息有所，廪储庖湢，澡涸有舍，坛墠垣塘，靡不具体。经始以己卯之秋，落成于癸未之夏。阁之下宏深轩敞，建斋藏事，率于此集。扁以"原一"，取道原一之意。使知道者扩而通之，由少思寡欲、见素抱朴以至归根复命，儒犹是也。自惩忿窒欲、闲邪存诚以至尽性至命，老亦犹是也。夫如是，则此心混然太极，与道为一，而齐人我、忘得丧、等生死于昼夜，能事毕矣。奚必上层城、造玄圃，如先儒所云，下视人间犹瓮盎，而后为高哉！所割原田给院之众，为租四百七十亩而赢，经费缮修咸在焉。乡保亩步，详载副碑，为吾后者，续广可也。至元甲申春，朝散大夫、知常州军事卫宗武记。

文中完全没有透露此观是否全真，但鉴于上海于元代广有全真修持，这所士大夫所主的道观，很可能也属于此列。

另附疑似全真场所：太素道院（吴亚魁《江南全真道教》曾以为太素道院为全真道场，但仅有府县志描述文字，而无碑文传世，遂附录材料于此）、真圣堂、崇真道院（沈曰富有《细林山道院记》，然未详其与全真关系，一并附录材料于此）、巢林道院（吴氏以巢林道院为全真道场，然因地处偏僻的枫泾，志书材料阙如）、奉贤纯阳道院（吴氏列奉贤、川沙等纯阳道院近全真，据县志材料仅录奉贤纯阳道院材料）。近代以后，上海著名的海上白云观，为沪上少有的全真道场，当代则仅存今浦东的一座女冠全真道场。

上海的神明

——写于《Rambles round Shanghai（环沪漫记）》书后

近代开埠后的上海，曾以其先进与理性的社会风貌，而为国人称道；去一趟上海，在大部分地方的市民来看，可以看作一次"小出洋"——犹如去了趟发达的西洋国家。同时，洋风洋俗之下的近代上海，仍然保留着明清江南的本土特色；那些民间上海常见的记录，多保存在近代地方志书，及《沪游杂记》（葛元煦）、《淞滨琐话》（王韬）之类的笔记小说。此类记载的共同点，皆以国人本土的视角记录上海，长于记事详实，但免不了视角单一，笔法雷同。与此同时，十九世纪后半叶开始，大量外国人涌入上海租界甚至是周边的乡村，他们纷纷将自己的所见所闻，记录成册，印刷流布，并在东西洋产生过不小影响。这类记载中体现的异域视角与好奇心，反而是我们本土记载所少见的。甚至，他们笔下那些或忠实或曲解的记载，今天读来竟有种匪夷所思的趣味。比如，晚清时传闻，闵行到夏天就没有蚊子，因为都是文昌帝君赶跑的。此说若出自本土笔记小说，我们都会觉得那不过是出自某拙劣的文人之手；但若是一位英国来华的消防员郑重所记，氏著还在本国出版，那效果可能就正好相反，今天的读者反而会更期待他书里的其他内容。

这则有趣的"闵行没蚊子"的记载，正出自一本西方人所作的小书《Rambles round Shanghai》（译作《环沪漫记》）中的《Chinese Solomon》（译为"中国神探"）。《环沪漫记》收入新近出版的上海通志馆主编《上海地方志外文文献丛书》（生活·读书·新知三联书店，2018 年）。顷读此书，立刻为其中诸多光怪陆离的内容所吸引，读完后仍意犹未尽；书中记录的不少上海民间传统与传说，今天久已难觅其踪影幸赖此书保存。小书出版于晚清光绪三十一年（1905），作者是英国人葛骆（William R. Kahler），作者生平资料很有限，只知道他早在咸丰年间（1859）就来到中国，之前从事过海关工作。不过这本书出版的前后，他担任的是虹口第二救火车队的领班救火员——这里也就是现在武进路上的虹口消防中队。很难想象，这么一位彪悍的消防员，同时又是包括《环沪漫记》在内多部上海掌故西文著作的作者。当然，更神奇的是，《环沪漫记》不仅有蜻蜓点水般的"漫记"，更多的是作者的亲历亲访与扎实的调查研究；其对上海及江南的地方民俗文化的兴趣与投入度，超过我们的想象。此外，文中还附上了自己游历时拍摄的神祇、祠宇的照片，并配以西方人易懂的解释说明；比如他曾拍到过被塑成小脚的观音菩萨像（《中国集市》），并对其进行了民俗人类学的解释。这大约是上海相当早的人类学研究的尝试了；较徐家汇禄是道（Henry Doré）神父的名著《中国民间崇拜》（Recherches sur les Superstitions en Chine）系列，还早了二十多年。所以在趣味之余，《环沪漫记》的史料与研究价值，同样也不容低估。

一、别致的传说

明清国家祭祀，各级州府县城隍庙里都供奉着城隍老爷。传说江南的城隍老爷们，会时不时坐着神船，出巡人间，这些传说大约也与江南多水、出行靠船有关。所以南方各地城隍庙里，都会在寺庙大殿的天花板上，挂一艘出巡神船，有时也会放在高凳子上。人们祭拜这只神船，为的是祈求出行平安。上海县城隍庙里就有，还是两艘，其中一艘是专为女性使用（《出巡神船的传说》）。而这位西洋作者竟然听说，上海县城隍庙里的神船，真的"出巡"过！曾经有位上海的妇人重病，写信给远在扬州的儿子让他速回沪。儿子非常孝顺，恨不得立刻回到母亲身边，但他在运河边叫不到船，他只能沿着运河走着前行。天色渐暗，才遇到一位船主，愿意搭载他南下，唯一的条件是：不能进船舱，只能在船尾，也不能睁眼。年轻人一一照办，一觉醒来船就到了上海。船家讨船钱时，年轻人表示自己钱袋丢了，便留了把伞作抵押。父母都惊疑儿子为什么归途这么快，最后明白是有神明护佑，便让儿子去城隍庙酬神还愿，竟然发现他的伞正悬在天花板的出巡神船上。

整理者注意到，这则情节曲折精巧的神船故事，与乔家栅创始人中举、神船送其还乡的故事相近，但相比而言，葛骆记载的这个故事在冲突上更为紧凑，扣人心弦，堪为上海宗教文学中之翘楚。严格意义上，上海城隍庙中有两位城隍老爷，一位是西汉权臣霍光，另一位是元末上海人秦裕伯。仅据这则故事判断，这位出巡的老爷很可能是秦公，因为这位显佑公祖上就是扬州人，这趟传说中的远行也是熟路。

作者葛骆因长期供职在虹口消防车队，想必对虹口应相当熟悉，尽管书中提到虹口的地方并不很多，但有一则故事颇为有趣。作者在《水车的传说》一节中写道，有户虹口的财主姓朱，朱家的一位长工在田里用水车浇灌水田，一个陌生人突然出现表示愿意帮忙，让长工可以洗个澡休息下。结果长工还没洗就看到十几亩田已经被陌生人浇灌好了，长工判断陌生人可能是个落水鬼，自己被盯上了，就借故脱身，让落水鬼跟他一起扛着水车收工回家。到了门口，长工又借故让落水鬼一个人扛着水车，在门外等自己。捱了一晚后，这个落水鬼变成了一块棺材板。朱家老爷觉得这块板会让自己走运，但要让这种运气持久，就得把他放在污秽之地，最后，他把这块棺材板放到了猪圈，结果他们家的猪仔个个又肥又壮。朱老爷因此发了财，又雇了新长工。新人不明就里，把猪圈里的棺材板拿出来洗干净，结果里面的鬼魂逃脱，木板没有灵气，朱家的小猪也没什么两样了。据作者说，他还在松江见过这样的木板。

因为上海水网密集的关系，葛骆笔下的好多故事，都与水中神明有关（如书中《渔梁的传说》，母题即出自民间故事"渔夫与水鬼"）。这则"水车"的故事，发生的地方在"上海的郊区虹口"老靶子路附近的土地。这条曾属郊区的"老靶子路"，即今天虹口区武进路，原为租界工部局所设靶场南面小河填埋而成，1870 年时为对抗南下太平军，租界工部局在当时美租界外的虹口港一带购买了一块土地，作为军事训练射击的靶场，1896 年靶场迁走，靶子路改称老靶子路，以区别新的靶子路（后更名为北四川路，即武进路以北的四川北路）。作者供职的虹口消防车队，就在老靶子路的东头。想来作者写作的二十世纪初，日后繁华的虹口中心区还有大片农田，租界城市区域仅集中在黄浦江苏州河港口附近。

二、作为游历者

如果记载无误的话，作为消防员的葛骆，同时扮演着游历者的角色。作为游历者的他，像人类学家一样，坐船游走在上海及周边，接触各种各样的来人。从记载中可以看到，他常常从虹口南边苏州河岸边的"公济医院"（这里解放后长期作为第一人民医院原址，今拆除新建上海北外滩苏宁广场）的霍华德码头（Howard Wharf）出发。有时从这里东进黄浦江，再从大小河港向东向南，去到川沙、奉贤、金山；时而沿苏州河西向，游离嘉定、青浦、昆山、苏州甚至杭州，沿途风景、地标一一记录，今天看来是还原晚清江南水道重要的实测史料。可惜是因为江南水网太过复杂，吴语发音也增添了辨识的困难，葛骆留下的一些记载，总让人有些怀疑其中的准确度。在《西太湖》一节中，他记录了自己从青浦朱家角一路东还的行程，其中途径泗泾，配了一张河景的照片，标识为"泗泾附近的安亭"，这让熟悉上海史地的读者读来颇具莫名，今天两处分隔甚远的古镇，怎么会被联系到了一起，或者此处"安亭"另有他意？俟上海地方史专家解答。

在葛骆游历的过程中，时常遇到本地人"看西洋景"般的指指点点。比如他来到拓林的时候，有小孩冲他们说英语骂人的话；还有一个广东女人，指着他们的船叫"红毛船"，也被他解读为是某种诋毁，因为他联想"毛"的意思，是"下等动物的毛发"。不过这位不甚计较的中国通，对中国的地方文化，似乎颇有些理解之同情。他提到，当时的外国人对中国的医生和中医普遍没太多信心，但他始终认为："有些中国郎中却拥有相当神奇的医术。"他亲眼见到的一位瘫痪而卧床不起的病人，一开始延请西医治疗无效，后来改用中医用针灸，最后竟然治好了他的病，让作者不得不承认"针灸确实有一定效果"。还有一次，他看到有人在刮自己背，刮出一道道血痕，为的是把身体中的恶气驱逐出去。他所见的就是民间非常普遍的"刮痧"疗法。记得2001年有部叫《刮痧》的电影中，也讨论过因"刮痧"而起的东西方文化的冲突；而早在百年前的葛骆就已下结论，"这种治疗方式也许有点夸张，可是既然中国如此通行，我们就不该怀疑它的有效性"，这种态度即便放到今天，也有其可取之处（《拓林》）。

当然，葛骆对中医的肯定，未必是医术上的认可，更多的是看到了中医的灵验，从这点上看出，他不失为一位实用主义者。而最吸引他的中国式"灵验"体验，这是本土特有的信仰传统。他记载最为神奇的体验，是一次到浦东拜见一位著名的女灵媒。本来，他是抱着"看她有多少能耐"的心理去的，结果马上被这位浦东女灵媒折服。这位女灵媒的经历颇为曲折。之前孩子夭折，然后自己重病；通过到城隍庙和杨老爷庙祈求，得知她的病只有在嘉兴外的一座上天王庙的神明，才可以救她。"上天王"据说是一位"郎中"所化的神明。但他记载的时代有些问题，葛骆听说"上天王"是商周时人，那一定是本地流传的不靠谱的传说。这位妇人不仅照做，还得到神明的垂青，不仅疾病痊愈，神明还让她去帮助别人，自此成为一位灵媒。葛骆到她家时，她已开始神游，求助者是为他家的小孩生病而来。灵媒最终盛起一些香灰用红纸包好，告诉男孩家人水煎服下，便会药到病除。随后擦了擦眼睛，从神游中醒过来，恢复正常。

接下来轮到葛骆。灵媒问他想知道什么，葛骆说想知道右臂膀为什么很痛，不能自由活动。灵媒一开始只是提议去做次按摩，葛骆觉得这个建议听起来很合理，但没有什么神秘的。然后灵媒开始做法，葛骆详细地记下经过，有拈香设案等多步工序，其中第一次神明似乎没有什么反应后，灵媒还休息了一下，重新开始。经过一次"决筮"抽签，她继续开始，终于做法成功，不久便清楚地将神仙告诉她的话，咿咿呀呀地唱了出来。葛骆分辨出，那是说他的肩伤问题，不是自己的错，而是受到过一次"超自然的风的攻击"。他继续问是什么时候的事，灵媒表示无法准确说出发生的时间，因为国外没有灶神爷，每年腊月底上天汇报家务。但事故发生在两年内的判断，是神明告诉她的。葛骆自己写道，他曾在两年前因为台风的袭击右肩脱臼错位，还有点轻微的骨折，但这件事灵媒一定事先不知道，顿时被灵媒折服。之后，灵媒又开了些常用药：香炉灰涂于伤处，又用平常的声音说了一段话，神明不让她收葛骆的钱，但如果葛骆痊愈了，要去给上天王庙供一盏灯，说完就醒过来（《灵媒》）。

这段奇妙的经历后面，葛骆写道：很明显我们对这个世界上的很多事情了解得很少，灵媒就是其中之一。我们当然可以对此嗤之以鼻，但毕竟其中还是有很多东西，值得我们进行深入研究。可见，这位冷静又不失眼光的西洋人，绝不是一位简单的游历者，而有一点严肃理性的现代学者之风。

尾　声

作为对中国文化持公允态度的一位普通西洋人，葛骆与他的上海民俗调查，只是浩瀚的西洋上海文献中的冰山一角。尤其在学界纷纷关注"在西方发现中国"的今天，之前并不为人所重视的西文上海文献，还会有更多有趣的西方书写，等待学者们继续的挖掘；近代上海这片得天独厚的土地，也应当有更为多元的记载；唯有中西文献充分的互证，才能重现旧时上海的传统与荣光。上海通志馆参与共同主编的这套《上海方志外文文献丛书》，可谓其编著《上海府县旧志丛书》之后，又一大地方文献工程的扛鼎之作；其中尤以西文上海文献的收集译介，更为殊胜因缘，功德无量。

观吾国学术史中，晚清甲骨文、敦煌文献的发现，直接导致了两大显学的创立，至今长盛不衰。域外的中国天主教文献的发现与整理，同样激发了二十世纪九十年代以后近世中西交流史研究的蓬勃发展；这其中，有关徐光启、徐家汇的研究，也带动了一次上海史研究的热潮。今天，有关上海外文文献的译介，同样是一次全新文献的发掘与刊布，也将会是上海史研究升级换代的一次重要契机。希望不久的将来，更多的外国视角下的上海文化与民俗作品得到译介，真正做到类似"二重证据法"的中西文献的互证，全新的上海史研究必将成为众人瞩目的焦点。

李家振眼中的赵朴初、佛缘与其他

李家振（口述）

楔　子

学界关于赵朴初先生的资料收集与研究，已有了不少成果：相关传记、年谱、著作文集等形式也广有出版。对于赵朴老于"文革"后、尤其是在主持国家宗教事务工作以后的记载与讨论，至今仍存在不少不同的声音与解读，属当代史学界经常发生的情况，显示出赵朴初与当代佛教的研究，依然存在非常多的讨论空间。尤其在口述史方法被频繁使用的今天，对当代人物及其相关人员口述材料的收集，与传世文献进行对勘互证，是推进当代史研究的一门重要功课，赵朴初的研究自然也不例外。本研究希望通过赵朴初身边助手李家振先生的口述，及家振先生所掌握的朴老文献材料，尝试还原奔走于在八十年代祖国各大宗教场所、恢复信仰空间，努力推进学术的护法金汤，是如何思考、如何工作，及将自己晚年的精力全身心投入共和国宗教事业上的。

李家振先生，当代佛教文化学者，生于 1935 年，湖北人，寄籍上海。其家世为关炯之外家孙辈，赵朴初养母家后人。自八十年代末开始，跟随朴老于中国佛教协会工作，长期担任赵朴初的助手，参与中国佛教文化研究所主要事务，曾主编佛协多种学术杂志。作为亲历者，家振先生亲随晚年朴老参与几乎每一件佛教复兴大事，并在朴老物故后，长期收集整理其生平相关材料，并做成数据库，至今仍一直处于更新状态。家振先生年逾八旬，关于朴老的回忆却很少付诸文字。本文作者有幸多次采访家振先生，得闻朴老与先生间的诸事因缘，遂有本文写作。全文整理自录音，思路框架从朴老与佛教文化研究所、倡建灵山大佛，以及其与南怀瑾的交游等方面，展示朴老之于佛教事业的丰功伟绩。同时，家振先生随意所及，多有关于佛教、旧史价值之处，一并依例收入文中，留待研究者攫取。文中之"我"，为家振先生自述。

一、缘　起

我这里有一个扇面，是照诚法师送给我的，[1]他在上面题了"观风"两个字。我说你写到我心里去了。我这个人，一辈子观风不跟风。"观"还是要"观"的，不"观风"不行，世道会弄不清楚。

我之前把敦煌和几个石窟的造像、壁画的数字化呈现，走进去就像在敦煌现场一样，还可以跟观众互动，衍生出很多文创可以带回家。之前我们在国家大剧院展出过，影响很大，这是我们当时做数据库的底子。[2]这次因为正好无锡灵山（大佛）建成二十周年，及赵朴初诞辰一百十周年（整理者注：访谈时间在 2018 年 1 月 26 日），我要向世人展示有血有肉的赵朴初。最近，我又打算在大剧院再弄一个有关朴老的展览，形式又像朗诵，又有背景，又有光影。我若展出朴老生平，是从宋太祖赵匡胤讲起。记得那年朴老去开封大相国寺时，他写的一句："论家世，我亦汴梁人。"[3]今天我们文化中，对赵匡胤与两宋，是很推崇的。因为宋朝留下来很多的文化遗产是有价值的。另外一个原因，宋朝时候佛法昌明，倡导修庙、扶助出家人，还开刻《大藏经》，如开宝藏等；而朴老做的很多事情，与宋朝都接得上的。我要把这些东西接起来。我们讲述的手段都多了，不一定要用镜头，心灵上就好穿越。

我从小就认识赵朴初。我七岁时父亲去世；家父在世时，朴老就常来我们家，是来看我祖母。到后来我长大了，再接触他的时候，我第一个反应出来的，就是他来我家说的"无始、无终、无常"这几个字。当时没想法，我又不懂的，只听到他跟我父亲说话。当时我家其实是天主教信仰，除了我大哥已经接触新四军地下工作外，家里其他人都受洗了，就是在震旦大学伯多禄堂那儿。那时马相伯是我们邻居，张充仁是我们一条弄堂里的。[4] 现在这个地方的房子还是天主教的，我哥家里还住在那里，现在路叫合肥路，以前叫劳神父路，我就出生在那里，这个房子现在门口只有写着"张充仁旧居"，没提马相伯。边上的万宜坊弄堂里面，住过的名人也多，阿英、邹韬奋，五卅时候著名的大律师俞钟骆，北洋政府的时候做过外交总长许世英、也是国民政府第一任驻日大使，都在这个弄堂里。再旁边住过陈歌辛与陈钢，旁边淡水路住着袁仰安大律师，他后来去了香港。[5] 马路对面现在被弄成思南公馆了，对过老早叫作"外国弄堂"。上海还有"外国坟山""依纳爵墓"。伯多禄堂现在知道的人也很少，伯多禄堂的查神父，都被当作帝国主义分子，后来去世在中国。这里还有座帝王堂（整理者注：也叫君王堂）很有名，就是现在新锦江大酒店的位置，向明中学那里。当时帝王堂的神父朱洪声非常著名，在徐汇中学教英文，做过教导主任，在法国留学 14 年，在国外读哲学和神学。和他一起读神学的陈云棠神父，是大思想家萨特的同学。我曾经跟朱洪声神父一起关在看守所里，我知道他的名气大，人老滑头的，又会闯。今天上海绍兴路上都是他朱家的房子，这些事现在人都不知道了。

对赵朴初影响最大的人是他的母亲和养母，他又称养母作"大姨"。[6] 他的大姨是我舅婆，在我们家乡我该管她叫"舅太"，她是捧着我父亲二舅的排位结婚的。当时我二舅公已经去世了，但他们已经定好亲了，所以进行了一场捧着排位的婚礼。我奶奶跟朴老的母亲是表姊妹，他母亲是汉阳人，朴老是安徽太湖人。其实朴老五世祖赵文楷，就写过很多湖北那边的诗。[7] 朴老母亲是我二姨婆，为人非常能干，文字也非常好。朴老在很多地方，都受他母亲的影响。比如写对子，朴老回忆他小时候，在家里乱翻书，把家里弄得乱七八糟，他母亲看到说"七零八落"，他马上回答"九死一生"。这算他自己都比较得意的，反应非常快。

后来，朴老姊姊赵敏初不知道从哪里翻到找出来朴老母亲所作的《冰玉影传奇》，是我帮她整理出来，在金陵刻经处用宣纸排印出来。这本书的内容，就是讲朴老的母亲跟他的大姨之间的故事。这两位都是大才女。朴老为他母亲的书写序，序文里这样说：不要讲过去的女性没有文化，他自己这两位女性长辈就非常不凡。我就记得书中几句好诗，他母亲写道："但愿化作明月，照他江北江南。"他的大姨写："西风吹老一天秋。"——这些语言我都记得，你说哪个时候那种女性，能写出来这样的文字。

《冰玉影传奇》不仅写了朴老母亲与他大姨的故事，书里头还出现了我奶奶。《冰玉影传奇》的底稿在我这里，我没有对外推广，只印出来一些，分赠给家里的亲戚，以及有些来帮佛教文化研究所做事的朋友。我是以佛教文化研究所的名义做的。朴老很高兴，他有两封信是对我表示感谢的。

还有件事，朴老也对我表示了谢意。有次他说他有过一台照相机，之前用来拍过一张他母亲的照片，照得一塌糊涂，脸都看不清的，但是他母亲有唯一一张照片。后来这台照相机给了新四军。他拿到底片后给我看，确实脸都看不清。他问我能不能找个画家，帮我把她脸画出来。照片模糊得连五官都不清楚的，怎么画法呢？后来我就叫我们数据库团队里面的李保华，现在是香港凤凰新媒体华人佛教的编辑，那个时候我盯着他做照片数字化修补。我跟他说，你给我仔细修，能修出一点点出来就修一点点。他在计算机里面不停地做。突然一刻，我看到照片说："哎！好像有点像我奶奶了！"因为她们两个是表姊妹，有点像的。最后调到基本上差不多，朴老高兴得不得了。一个《冰玉影传奇》，一个他母亲的像，他专门写了条子说谢谢我。按理说我是表侄子，应该的。

赵朴初讲过，有几件大事情他自己心里比较得意的，第一个就是当年救亡运动时培养了那么多人，就在"少年村"这个地方，今天那里还有少年村路，现在就在闸北大场那里。[8]纪念牌子都在那里，老早公墓也在；关炯之的墓早年就在那里。文革当中许多文化局的人在那里养猪。我去看他们就骑着自行车到那里，现在不叫"少年村"了，变成鼓风机厂了。

二十世纪三十年代抗战时期，赵朴初参加抗日救亡运动，搞慈善活动。在我看来，他就是"世出世法不二"的典范。在"世法"上面，他站到了当时代表先进的，对国家对人民都有这一面的。所以说他的背景是跟着国家走的。但是，他从来没有党派之见；现在人家讲他得意的一件事情，就是送了一批年轻人去抗日，去参加新四军。其实他送的第一批人，去的是国军。

当时净业教养院里的孤儿难童，[9]经常到他家里去玩。后来这里头有许多人，到长大后都很成功，比如说有一位叫施咏康，后来是星海音乐学院副院长、《黄鹤的故事》配器。还有一个装甲部队副政委姓丁，有专门的一篇文章，就是朴老讲怎么用佛教精神，教育这些人，文章名叫《净业寺的第一次报告》。你看他第一次报告的中间，为什么我特别重视，报告里提出的问题就是"世出世法"的层面。我们现在做的事情讲的东西，对社会对这些东西带来好的影响没有？我们用什么样子的理念来教训这里的人？其实朴老文章里都已经提过。我现在整理赵朴初的数据库，只依据一条，他不仅是一个人，我把所有跟他有过关系的人和事，包括解放前后，跟他有关系、做过事情，全都整理出来。

所以，这些事情用佛教因缘来说，就是"诸法因缘生，缘谢法还灭"。我只认因缘，不谈是非。因为一位赵朴初，我在他边上，认认真真做事；朴老自己一直也都是认真地在做，我后来讲到赵朴老，是一位发菩提心，行菩萨道（的人），在信仰自由的正确领导之下，能够不怕任何困难，坚持正常、正确的佛教理念，让正信的佛教在这块土地上能够扎根发芽。尽管我们国家是以马克思列宁主义等为理论支持的，但是《宪法》里也有规定，宗教信仰自由。在这个当中，要能够维护宗教信仰的权利，是不容易的。

解放初，我国宗教工作这块是张执一负责。[10]他曾经做过统战部副部长、政协常务副秘书长；底下事情，全是赵朴初负责。这个时候赵朴初掌握大量财产，（据说）宋庆龄许多东西也统统由他保管。"三反""五反"运动来了，赵朴初受到冲击，后经过华东局、上海市、中央的三层审查，中央那次是薄一波亲自来的。但是，当时周恩来非常明白，晓得朴老没什么事，所以没把朴老抓进去，就让他在上海的觉园里面待着，这是 1951 年、1952 年的事。但他手下有人被捉进去，有一位是甘肃的政协里的刘某。朴老跟我说：我心里像针一样，不是有形容词：心如刀割，我真是像心里有根针一样戳进去一样难过。但是，我跟他们讲："不乱说自己，不乱说别人，不自杀。"这三句话非常智慧，也都是佛教的"戒"的精神体现，叫人家不能二舌，不能谎言，不能妄语，又不能自杀。所以现在这些情况。后来出了一本张执一的照片：张执一在北京和原来中央领导人担任上海的地下党员时的合影，上面有赵朴初。过去大概没人不知道他是地下党员，当时有人问我，我说我不能证实，我看到照片也不能证实。因为我没有这个权力查他的档案，谁问我也不好讲的。但是如果有人问到他的党员身份，我说那并不影响他对佛教的虔诚，这就叫"方便法门"。没有这种方便法门，佛教在新中国的发展就不会这么顺利。1951 年"云门事件"的时候，虚云大和尚遭到冲击，给人家打成这样，也只能做到随便你怎么打，我就是不死，我就顶着。但是大和尚修得再了不起，你能在"文革"后，把中国被人家轰掉的宗教场所、佛教事业再建起来？所以，必须要有"方便法门"。

我个人，从"文革"开始到结束，先是在干校关，后来又在监狱里关了九年，18 年以后我出来，工作也没有。那个时候对我算很好，安排我到少年管教所工作，我就去教小孩学音乐，弄这些东西。结果朴老跟老太太说了一句话，他说我可惜了，就想办法把我弄到北京佛教研究所，那是 1989 年的时候。他写条子给上海通讯部的廖部长说："他（家振）虽曾身陷囹圄，但罪不在他。"话说到这个地步。我这张条子还在，但是我从来不对别人讲。他写条子把我调到北京，户口什么的全过去了。他知道我可怜，也还是有点能力的。

但是那之前，我从来没有接触过佛教，我倒是接受过天主教洗礼的。所以，香港中文大学的杨凯里教授（Jan Kiely）跟我很投缘，他是美国人，中文也很好。我俩谈宗教问题的时候，我给他唱天主教的歌，马上我们之间有很多共同语言。我说我觉得宗教之间从来没什么冲突，我讲只要是正信的宗教，都是以慈悲智慧帮人的，只不过因缘不同而已。我说我没有分别观念，他也有这种观点。他对大陆的佛教也很感兴趣，想一起来研究。我就是以为，我假使没有这18年的时间，我对这个时间没认得这么清楚。我说我只有感恩，没有其他，一点没有。

二、佛教文化研究

朴老跟北京佛教研究所的因缘我很清楚。当时佛教文化研究所分为一个编辑部与一个研究部。编辑部就是《法音》杂志编辑部，净慧法师负责。研究部是些老学人在，一年出本书，也就过去了。编辑部的人每个月有份杂志要编出来，而且到了年底的时候还要出一本《佛教文化》；那个时候《佛教文化》不是后来那样子的，就是把这一年的学术成果汇编一下。我们当时做这些事情。

在那时，朴老对当代佛教文化贡献了三件作品。

第一，是他写的《佛教常识答问》一书。把这部作品翻译成韩文的李法山，曹溪东国大学的，我陪他去看朴老。他是出家人，也是教授。看到朴老，他就问"你为什么要用'常识'？你就把它改成'佛教答问'不是很好吗？"朴老对他讲：

> 我就喜欢用答问的形式，只是讲常识。因为最初在《现代佛学》上面发表别的作品的时候，我看到许多人在那问佛教是什么，他们都回答不清楚的。许多人陪同的翻译也好，许多人根本就讲不清楚的。我就觉得这个作品很重要，就是把真正的佛法用最最简单的，老百姓最能够接受的话，推出去。佛法、佛学、佛教是三个有区别的东西。

所以我一直都是非常推崇这本小书的。后来这本书出在《法音》杂志丛刊上，就这么小小一本。到后来我们又把编成插图本再出版，插图都是我们研究所这里做的。同时，周叔迦先生的《法苑谈丛》一书，也是我策划的，后来也是用一样的方法出插图本。《佛教常识答问》是朴老很重要的著作，用的是最简单、最贴近普通人的语言写的，人家一听就知道的基本道理。

第二，就是《俗语佛源》。当年朴老刚刚把我调到佛教文化研究所的时候，我什么都不会，我就在那里扫地、整理东西、看稿子。有次，我看到《俗语佛源》的稿子，贴了谁谁谁整理，其实那时候有些学者都想出国，谁都没有兴趣整理。《俗语佛源》的稿子被我捡起来一看，觉得这个东西很好，就想法整理出来。这是朴老在"文革"中间，他们让他靠边，让他在家里待着，也说他牛鬼蛇神什么，但是没有怎么斗他，朴老就写了一些片段，都是佛教的语言和解释，语言就是最简单、最直接的文化。那会儿，朴老曾经选过一百多条，没有拿出来发表过，有些还给老太太在家里烧掉。"文革"结束了，我在研究所里看谁都没兴趣弄，我就把它们扫过来，找些有兴趣的人同我一起，一条一条把稿子理出来。

《俗语佛源》这次出版，我给他写了个后记，我说这个不是工具书了，这是"人间佛教"的书，我强调这个。我有个朋友李明权，原来是编汉语大辞典的，在上海古籍出版社也做，又是上海佛教协会理事，我后来就把所有这些东西拿来，让李明权来统一，把这些稿子搞出一本书的样子来。这次是辞书出版社出，我又多选了五百多条，因为朴老后来补给我好多，他说夏衍还给他选了好几条。但有些我们查得很严格的，有些话不是佛教，是其他地方先讲的，我们都不算。查下来就出自于佛教我们才选。

后来，净因法师要接佛教研究所的工作，跑来跟我讲。正好那时，香港马上要回归了，他说星云大师想要他到香港去。我说正好，你现在回来佛教研究所，我把你的研究员的位置先给你定好，你还是研究所的研究员。同时，香港就要回归了，你去负责香港的事；回归以后你就香港和北京两头你都好做工作。结果净因就这么回来，后来成为香港大学的佛教文化中心的主任；学愚也去了香港中文大学。我说：出不去没本事，回不来也没本事。

朴老第三个作品，就是无锡灵山（大佛）。他讲过，信仰是文化；但现在"文化"两个字也是在乱讲。什么酒文化、茶文化、鞋子文化、袜子文化，都是文化。其实，"文"就真善美，"化"就是教化，移风易俗。文化首先得是真诚的，第二得是善意的、慈悲的，然后呈现出来的，一定是以美的形式，呈现的目的，是使这个社会受到美的教化。朴老讲的信仰是文化，这个"文化"就很清楚了。而且，他在灵山定下来的，四大名山、四大菩萨的信仰，五方五佛的供奉，是非行愿，也很清楚。

牟钟鉴教授是汤用彤先生的学生。[11] 牟先生写过一篇文章，就讲汤先生当时告诉他："我们搞学术研究，要在信与不信之间。你要是完全不信，你没办法做的；但你真信了你就不客观了。"牟钟鉴觉得很有道理。当时我让何云当《佛教文化》主编的时候，他要发。我说让我想想，要发呢是我也赞成，牟钟鉴这样的大学者能够有这样子的看法很好。但是我们是中国佛教协会下面的刊物，这个怎么讲法呢。我就问朴老，这个行不行。朴老就跟我说"信解行证"的道理。首先，"信"是信任，信任佛是好的，我信任他指引我们是好的。他说这个时候还是"confidence"，还不是"belief"。然后朴老跟我讲"解"，理解佛教。其实我们学者们只是帮人家解一解而已。你要不"行"的话，得不到"证"。因此我就从这一点就明白，你只有做这个事情，你才能有领悟，才能信则解行正啊，你才能有悟。所以真正讲觉悟什么，还是领悟。所以这样一来时候情况就不同了。

灵山（大佛）的意义，朴老讲过很多次，"四大名山""四大菩萨""五方五佛"的供奉。但是这个"五方五佛"，不是藏传佛教里面中央大日如来啊、东方阿閦佛，不是这样子。灵山大佛还没做的时候，曾经有次开会，有人在台上讲到"五方五佛"，说"东方大佛"就是灵山大佛。当时很多大学者都在那，著名佛教史教授方立天先生，[12] 就站在底下就问："这个五方五佛，怎么这样解释？"当事人回复说："哦，那是赵朴老讲的。"方先生就说："那我们就不讲了。"就坐下去了。我也是在下面坐着在听，是朴老叫我参与这个事情。我想想不好，就站起来讲：

> 我替朴老讲下。朴老意思，是按照佛教传播的历史和地点来说的。佛教最早传进来的造像作品，比如在云冈石窟，就有犍陀罗风格的像，那完全是佛教刚传入时的造像样子。然后又是龙门石窟。后来我分析，从犍陀罗刚传进来体现在云冈，是代表初级阶段，到了龙门就是中国化的成果。学者说，龙门奉先寺的卢舍那大佛像，是照武则天的样子来造的，武则天的佛教水平绝对不是一般的。一个女性在这个时候能有这样的成就，没有佛教这些东西怎么行？那否则狄怀英不能这么相信她，还能够不跟武三思他们弄崩，这个里面有很多佛教的道理的。龙门石窟不管是不是照她的样子，起码一条，中国这个时候的统治阶级，已经进入到佛教里头去了。再往后到乐山大佛，中国化的成分就更大。

现在还可以提出一个问题，就是"佛教到底是什么时候传进来的"，并不一定是完全按照史书上记载的。朴老到白马寺，写过一首诗，有一句叫："若教梼杌在，应记楚桑门。""梼杌"是楚国的历史，朴老诗里的意思，楚、汉时候，可能就已经有和尚进来了，所以这些东西都是可以引起大家注意的。这次灵山的纪念活动，我要专门腾出一块地方来，用光影的方法把乐山大佛打上去，把大佛旁边许许多多东西都加上去，再把朴老的这些想法再弄上去。我就把这些东西做出来，希望把这些东西推给所有人看。

朴老是什么时候开始想建佛教文化研究所的？最早一起创建研究所的人里，有季羡林、金维诺、梁漱溟等著名的学者，梁漱溟是第一个参加，而且交第一篇论文的，所以朴老专门有一首诗就是写梁漱溟。这个文字都在的，复印件我也都有。朴老讲，梁漱溟对这件事情是很用心。今天多数老先生都过世了。当时周绍良是所长，对我很好。周老一开始就觉得，成立研究所这件事情不容易做，周老他们都是把佛教文化研究所当成一个学术机构，就觉得写几篇论文就可以了，所以选一些特约的研究员。朴老当时想法非常多，他跟我讲了几次了，顾问班子怎么建，理事请谁，董事啊又什么的，然后弄一些钱。我当时就跟朴老讲，实际上这种什么理事、董事都不需要。我们现在是要选做事的人。我活了一辈子，就是在那里做事。我现在对自己定位就是"二无老人"：一无职务，二无所成。

朴老叫我去做事了以后，我想办法把研究所的编辑部跟研究部分开的，把编辑部搬到北长街"三时学会"的那个房子里，今天还是那个地方。[13] 今天的《法音》杂志已经变成佛教协会单独的刊物了，完全针对信仰、教内的东西了。那时我跟净慧一起开会，跟他说我们再弄一个《佛教文化》吧；只要是对佛教的文化有兴趣的文章，不一定是信众，我们都接受发表。所以，后来定杂志栏目名字的时候，什么"菩提一叶"啊"梵呗清歌"啊，全是我们当时在那里弄出来的。我当时出本书也叫《菩提一叶》，选一句佛陀讲过的话，今天怎么来理解。然后"梵呗清歌"也是，"漫话真谛"也是，我一个人要弄好多东西，都是比较活泼的这种。另外呢，就把一年在全国开会讨论的论文，编一本《佛学研究》年刊，今天也是重要的佛教学术杂志。《佛教文化》北京已经不弄了，现在给灵山弄了。

朴老开始叫我来佛教协会，当个文化研究的总干事，我说你让我总干事情，我总给你干事就行了，职位坚决不要。有一次他已经条子下到人事部门了，我打电话给老太太，说让他把条子撤回来。有人就跟我说："你怎么回事啊？我们求朴老给个位置都求不来。"我说你们不懂我。我若是答应，开会我参加了，我参加我觉得这个做得不对，我是跟他吵还是不跟他吵？我就是坚持跑腿打杂。我跟谁跑腿？我跟朴老跑腿。朴老有很多想法很好，不等于他做得到。因为他不知道现在社会什么样。但是我跟他跑腿，我就可以告诉他，我按照他这个去做以后，哪些人是行的，哪些人是不行的。那么他就是也明白了。我只有跑腿，才知道一件事情来龙去脉的因果；我只有打杂我才知道细节。世界上什么作品什么东西不在细节中间体现啊？都是在大派头的东西出来？所以我懒得参加他们这些，我是个异类。

后来他又叫我当所长，我推辞了，不过所长也是我叫的来的。周老后来不做了，吴立民也是我请的来的。我又不是佛教界的人，做这个职位不合适，事情我来做，名啊什么的我不要。但是朴老在这种上面的真正是很客观，很听人的。后来我把编辑部搬到北长街那边去以后，他说怎么招人啊？怎么请人啊？我说"开门办事"，一个人也不用。用的人只是做事情，大家来吃饭啊，管理大家来开会啊什么的。请真有学问的人，你也养不起。而且养了就不干活，就干自己活了。朴老听明白我的意思，他说那怎么弄。我说我们以项目办事。所以结果到后来，田青也好，这一大堆人都是通过做项目来的。

田青是搞佛教音乐研究的，我把他带过来，组织一个班子，我带他几十个庙去跑，每个庙的音乐都整理出来。成果出来，他自己也成大家，所以田青坚持说我是他"大师兄"嘛！我跟他确实是关系特别好，包括他儿子。他儿子，用田青话说起来"我的话他不听的，一定要找李大大的"。他儿子在国家图书馆也是搞非物质文化遗产，搞口述历史，叫苗苗。他是真的听我的话。我的话一说他就说"明白"。我说："你明白什么？明什么意思？白什么意思？人活一辈子就活'明白'两个字。你心里明不明，真明了，讲不讲得清楚？"他说"明白、明白"。后来我们就这样子搞，画画的李少文啊什么，给我画漫画，钱少武、孙大章、梁思成弟子傅熹年啊这些学者，都是通过项目聚集到一起，全都拉过来。我不能养他们啊，我养得起吗？我也不多找他们开会。项目中间能把他们推出去，我都推他们出去。所以到后来朴老这点相信我，让我撒手去干。

我现在也在整理朴老（的资料）。目的就是怎么体现赵朴初的"信仰是文化""佛教是文化""文化是什么东西"。大家以后怎么来看待文化。我们不能老是让年轻人盲目崇拜，年轻人总是很容易去崇拜一个名人。我们不是，我们只是把我们自己体会的一些道理讲出来。

三、南 怀 瑾

南怀瑾在过世之前一个月，专门叫人带话给我说："叫家振，要认真，不要当真。"我开始不明白，后来我就有些明白了，他的意思对我讲，你讲的许多道理都是对的，但是你不要当真。

我去南怀瑾那里吃饭时，我跟南老说："南老师，我有一个看法，不知道能不能讲？"他说："我这里有什么不好讲。"我说："众生平等，是众生的愿望，追求不平等是众生的本能，想成功，就是想不平等。"南老师说："哎！好像有点道理啊。"但是后来我也想了，我并不反对人家成功。人家有个追求嘛，有个目标嘛。

成功是三世因缘，不仅仅是今世、前世的问题。比方说你（指整理者）现在搞宗教研究，你没有前人搞宗教种种这些东西你搞什么东西？所有都是你的前世嘛。没有复旦这个机构你也搞不了，所以这就是你今世因缘。你今天在复旦做的事情，一定"世出世法不二"，要贴近生活的。我不赞成学者大家都为出本书怎么样，我跟人家讲的话，没有一句是我自己讲的，我都是听来的，不管是听古人还是今人的。哪个人自己能讲出什么东西。所以依照南老师那里讲，我就讲能够真正明白，成功是三世因缘，佛教说的破掉"我执""法执"。众人都有佛性，只因妄念执着不能成佛。想把自己的工作做到最好，自己成了解释佛教最了不得人，自己是解释赵朴初的权威，这样的人就是妄念太厉害了。

但是我跟着这两个老人，特别是南老师，收获非常大。南老跟朴老见面是我安排的，他们交往的时间不长，但是朴老早就知道南老，南老是很尊重朴老。朴老大南老十一岁，南老今年也一百周年了。我现在就在整理南老师的文献。我跟你翻翻南老师给我的信，我为什么说我同意南老的观点，因为南老能懂我的心境，虽然我一直认认真真在做事，但是过去的经历对我是有影响的。最早在 1994 年，南老《南禅七日》的讲课上，我就跟他很结缘。我把我的经历告诉他，并表示现在不管这些，我就认真把事情做好。他给我回信里说：

家振如见。先后报告均阅，文情并茂，读之动人。你我有佛法因缘。故我对你既爱之深，又怜之切……

我把这封信，收进南老的全集去。后来，南老又叫我策划《仓央嘉措》的纪录片，是由南老支持拍的。我拍仓央嘉措的时候，跑遍甘青川藏多地，这在我《忆南师与仓央嘉措传记》一文中有讲述。这是 2012 年的事了。我拍出这部短片，三刻多钟，很多人看哭了，我自己也有点感动，但没有公布。我就像孔乙己那样，哪天酒店老板想着"孔乙己还有多少钱没有还"，哪天把孔乙己名字划掉我就了断了，孔乙己不欠债了。

当时认识的人里面，还有一位刘雨虹，她整理过南怀瑾的作品，这位刘雨虹老人现在已经九十四岁了，就在庙港的太湖大学堂。刘雨虹第一次到佛教文化研究所来，我陪她看我组织的清宫佛教展览，在皇史宬，一档馆里；清朝十二个皇帝没有一个不亲近佛教的。南老师对雍正皇帝与佛教一直很看重，我也觉得，研究清朝佛教，不提雍正皇帝是不行的。结果在这个展览上面，刘雨虹看到有一位高僧写给雍正皇帝的条子，大和尚想跟他问好，雍正在底下用红笔批了一句："朕好，老徒弟你好吗？"刘雨虹一看，哎哟，这个雍正确实跟这些和尚关系很好，就拿照相机拍了一下。当时我们研究所就第一次跟她合作，出了一本《雍正与禅宗》。我又让现在人民大学的张文良教授，写一篇介绍雍正的个人与信仰。[14]这篇文章他写得很好，南老师也说他内容和笔墨都好。

张文良教授现在人民大学的知名教授，他当年到日本留学是我安排的；刘雨虹也说过：他（张）留学的机票我出。张文良九十年代初去日本留学，我到东京去见过他，他日本的老师跟我都不错。我跟他们黄檗宗的人也有了联系。他们之前也一直找我，那次见面说"我们终于找到李先生了"。后来，日本那边要出点书，我也都帮他们。我就是做事儿、沟通。我也有一本《菩提一叶》，后来南老师帮我在台湾出了。

后来，南老想见朴老。他们两个人在香港见的面。正式见面之前，在 1995 年、1996 年左右，由我开始安排。香港回归以后，朴老到那里见南老，是我跟蒋坚永在那里操办他们二位见面，对外都没宣传。蒋是香港新华社联络处的，我跟凤凰电视台的刘长乐董事长关系也熟，背后是靠刘长乐在办的。但我从来做过就做过，你有什么事你来找我，我绝对尽力办成。刚刚香港回归的时候，朴老又去了香港佛牙舍利什么的展览，包括展览"佛陀的足迹"，都是我在安排的，照片都是我们这里拍的。那次展览，南老没去。

我还陪一位大和尚去过南老那里。1994 年，那位大和尚还在莆田广化寺的时候，就见过南老。南老见他的第一句话问他："你懂世法嘛？"大和尚愣着看他。南老说："你不懂世法，怎么弘扬出世法？"这些话我都记得非常清楚。我们今天不讲世法的，一天到晚去讲这些玄之又玄，有什么用啊？你不看看现在人心变得什么样子了。一天到晚都在弄这些东西。你不能让他做到心能安、事又能成。还有一位叫陈华，南老师当时弄金温铁路的时候，都是陈华在操办。南禅七日的时候，陈华就坐我后面。

我看得很清楚，像赵朴初、南老这样子的"伟人"，当他们已经出名得这个样子的时候，不知道有多少佛、多少魔在后面托着；当他自己一下来，不知道多少佛、多少魔讲都是他的弟子。这个现实生活都是这个样子。

四、余　论

还有一位与我有渊源的人：傅雷。我整理了他七百多页的家书，傅敏、傅聪都是我的好朋友。我整理了这些家书以后，我对很多很多事情都有全新的认识。傅聪同我小时候就认识，后来因为他出去了，我们住在一道，他住在巴黎新村，[15]我住在边上。他们在淡水路上的西城小学都读过书。

傅雷"赤子的世界"的展览，是我策划的。[16]傅聪拿出了他1956 年、1957 年、1958 年三年的私信，内容是他怎么变成右派及后来去英国，被说成叛国等因缘，还有关于傅雷和黄宾虹等人。后来，我想到傅聪讲过的一句话："我爸，像他们这样的人，中国自己的传统文化在他们身上是生根的。"他讲的传统文化，是从屈原，到清末民初的这一批真正的文人，赵朴初也是那代人中的一员。傅雷比朴老大两岁，1905 年的人。他们这代人，又碰到"五四"，对西方人文主义的东西，没有什么排斥，也都很有兴趣。

我整理完他的信以后，心里就明白了；后来我跟傅敏通电话，我听到他的话马上就想到：历史上从屈原到傅雷，多少了不起的人自杀，不全是时代所迫。其中一条原因，就是对自己要求太高，对人类要求也太高。人类没有这么好。就如同天主教说的，人类有原罪的。原罪是什么，原罪就是"欲与天公试比高"，要想战胜自然就是原罪，要想自己怎么成功跟上帝一样就是原罪，这是撒旦指挥你做的事情。

我说我也曾动过这个脑筋，但是我听三种人的话。第一释迦牟尼的话我要听的，他讲过：没有人有杀生的权力，包括杀你自己。第二，马克思说的，你不要以为你死了你就把那些不高兴的事都丢掉了，你是转嫁给别人了。第三，许多为你牺牲过、希望你好的人，像我老伴这样，我死了不就会把所有痛苦给她了么？我说我还得自己面对。她第一次到监狱去看我，带了很多东西过来，我看她跟我说话要掉眼泪我马上就说笑话，我看着让她把眼泪憋回去。怎么能自己不面对？一死了之？后来我跟傅敏讲，这是对人类要求太高了。道家讲得很清楚，"万物为刍狗"，人为什么要觉得自己是万物之灵，你灵在哪里啊？我看人家现在不是都觉得讲义气的是狗很多，讲义气的人倒不是很多。狗总归是狗，狗有讲义气的秉性；很多人不见得是人啊！

注

[1] 照诚法师，1967 年 10 月生于辽宁大连，上海龙华古寺方丈。
[2] 家振先生说到的这次展览，应该是 2017 年 9 月 27 日在北京国家大剧院举办的"中国古代石窟壁画艺术精粹·数字展演"。
[3] 此句出自赵朴初 1992 年 4 月所作《河南杂咏》二十三首中的《忆江南·开封》。
[4] 马相伯（1840—1939），江苏丹徒人，中国近现代著名的教育家、杰出的社会活动家，著名天主教徒，震旦大学、复旦大学创始人。

张充仁（1907—1998），江苏七宝人，近现代著名雕塑家、画家。

[5] 阿英（1900—1977），安徽芜湖人，本命钱杏邨，现代著名剧作家、文学理论家、文艺批评家。

邹韬奋（1895—1944），江西余江人，近代中国著名记者和出版家。

许世英（1873—1964），字静仁，安徽至德人，曾任中华民国国务总理。

陈歌辛（1914—1961），出生于江苏南汇，近代著名作曲家，代表作《玫瑰玫瑰我爱你》《凤凰于飞》《夜上海》等名曲，由周璇等民国歌手演唱出名。陈歌辛之子陈钢，当代著名的作曲家，曾与何占豪合作小提琴协奏曲《梁祝》，蜚声中外乐坛。

袁仰安（1905—1994），浙江定海人，曾任律师，近现代著名导演，影视制片人。

[6] 朴老的母亲名陈仲埴，养母就是关炯之的姊姊关静之。关静之亡夫宋某为陈仲埴表兄。

关炯之（1879—1942）名炯，字炯之，湖北汉阳人，近代著名大法官，佛教大护法。

[7] 赵文楷（1760—1808），字逸书，号介山，赵朴初五世祖，嘉庆元年一甲一名，官至山西雁平兵备道，出使琉球。著有《石柏山房诗存》8 卷。

[8] 少年村路，今位于上海市静安区（原闸北区）与宝山区交界处。

[9] 民国时上海觉园内曾设上海佛教居士林，王一亭、关炯之等沪上大德发起兴办慈善事业，设立难民改容所、净业教养院等机构，救助难民。

[10] 张执一（1911—1983），湖北汉阳人，建国后历任中共中央中南局统战部部长、中南军政委员会秘书长、中共中央统战部副部长、国家民委副主任、全国政协副秘书长等职。

[11] 牟钟鉴，1939 年生，山东烟台人，中央民族大学哲学与宗教学系教授。

[12] 方立天（1933—2014），浙江永康人，中国人民大学哲学院教授，当代中国知名宗教学学者。

[13] 三时学会为民国时成立的研究佛教唯识法相的学术团体，1921 年，韩清净居士等发起组织"法相研究会"，1927 年改名三时学会，仍推韩清净为学长，地址选在北长街 15 号、即今北长街 27 号。八十年代赵朴初先生在此处成立中国佛教文化研究所。韩清净（1884—1949），河北河间人，近代著名佛教学者、居士。

[14] 此文当为张文良教授《雍正皇帝与〈御选语录〉》，发表在《法音》1993 年第 3 期。

[15] 民国上海著名里弄建筑巴黎新村，位于今上海市重庆南路 169 弄，建筑群建成于 1936 年，新式里弄，有砖混结构三层楼房 31 个单元。著名翻译家傅雷曾寓居于此。

[16] 家振先生所提的展览，当为由北京鲁迅博物馆（北京新文化运动纪念馆）、国家图书馆（国家典籍博物馆）主办，上海南汇博物馆协办的"赤子的世界——傅雷诞辰一百一十周年纪念展"，2018 年 4 月 13 日在北大红楼展出。

跋

　　这本《保釐云间》总算是完成了，还有些话想放在这里说。

　　原本只是负责这一项目的前期对接工作，现在竟忝列为共同作者，这确实是个意外。我已然回想不起自己是怎么被"裹挟"进来的，直到把微信聊天记录翻到 2017 年 11 月初。那会儿和启元兄相互感叹学海无涯、苦海无边，玩笑说要多写些轻松有趣的文章，才能聊作慰藉。他忽然话锋一转："要不宗教场所的项目带你一起吧，教你怎么写好玩的东西。""好玩"二字是他一直挂在嘴边上的。即便是出本书也要依照这个原则，用他的话说"书不好玩写它干嘛"。我这人一向玩心甚重，既然有"高端玩家"愿意带着一起玩，何乐而不为？于是一拍即合，遂成玩伴。

　　等到真的上了"贼船"，才开始暗暗叫苦。我此前研究兴趣停留在知识分子的思想情态，对于"上海历史上的神祇、信仰与空间"这个题目，可谓一片茫然——我一直关心的是人的事，对神的事根本一无所知。在动笔之前，我连静安寺都还没进去过呢！这让我有些头皮发麻，深感无论是从术业专攻，还是从地域情感的角度，我都非常"玩不起"。

　　可毕竟是应下来的事情，只能咬紧牙关。书中写到的很多宗教场所，要么迁址重造，要么无迹可寻。于是埋首《上海府县旧志》和《上海乡镇旧志》两套丛书，将每一朝每一代志书里的相关内容翻出来，复印、归纳、整理、研读、比较、汇总。看似是讲讲这些寺庙、道观、祠堂的故事，实则文献所涉范围甚广——上要宏观时代背景及朝廷政策，中要了解地方法规和士大夫们的生平经历，下要兼顾"信仰"背后的平民百姓们对生活的基本诉求。此外，还有许多闻所未闻的宗教名词、术语，少不得都要一一查点。如此种种，皆有各不相同的辛苦，却也有各不相同的收获。

考察这些庙宇神祠，旧志中所载的那些时间、地点、人物在眼前来回数遍，不经意间仿佛置身其中，穿梭往来。以嘉定一县为例，宋元时期，云翔、泰定、万寿三处寺院旧址相近，彼此之间关系密切。将这"南翔三大寺庙"的建制沿革逐一厘清，似乎已是在八百年前的南翔镇里走了一遭。庄严肃穆的宝殿和佛像，世俗红尘里的善男信女，在繁盛香火的勾连下，融洽地呈现出一幅幅生动的江南市镇图。

我所理解的"好玩"，就是想让这些古老、陌生，甚至是已然湮没于历史洪流中的场所，重新唤起人们熟悉感和亲切感。写的人娓娓道来，读的人莞尔一笑——"哦，原来是这里！""哦，原来是这样！"所谓"人情味"，大抵如是。

衷心感谢在此项目中提供帮助的复旦大学的老师与同学。他们前期已从浩繁卷帙中将记有这些宗教场所的卷数、页码逐一标注出来，制成长长的表格，这让我们在撰写过程中节省了很多时间和精力。同时致意上海通志馆一直以来对上海地方研究的支持。从1932年上海市通志馆建立、柳亚子先生担任首任馆长起，这里就是收藏、研究和开发地情资料的重要文化机构。如今的上海通志馆，依然秉持先志，积极承担着这些职能；同时，更担负着普及地方文化的使命。地方志作为资料性文献，内容庞杂，措辞规矩，修志者苦心编修数年的成果，最终却常被束之高阁。近年来，上海通志馆致力于编撰平实通俗的地情普及系列丛书，便是希望从枯燥的文献中找到与百姓生活息息相关的交点——换句话说，让志书变得"接地气"。这本《保釐云间》同样如此。虽然讲述的是志书里的神祇空间，而实际映射和关心的，是这背后家国兴衰的缩影，是信仰之中一方百姓的加惠施舍，是千百年来心同理同的情感共鸣，是一个个活泼泼的、真实的"人"。

默念平生，本没多大志向，不过想读读书、做做文章。成为上海通志馆的一员，本是无心插柳的巧合；又承蒙启元兄不弃，带我"玩"出这本书来，也算是顺应初心。尽管定居沪上十二年，然而我与这座城市的关系，一度剑拔弩张。真正开始融入和亲近上海，也不过就是近几年的事。这本书的编撰经历，以及在通志馆一切让我了解上海的契机，都是加深我与这座城市感情的过程，都是安抚了我的戾气和偏执的过程。对于上海通志馆，于公于私，我总是心存感念。

2018 年 1 月，随启元兄大风雪天拜访当代佛教文化学者、赵朴初居士的助手李家振先生。闲谈间，家振先生说起自己对"明白"二字的独到解释："'明'就是'知道'；'白'就是'说'的意思。你心里明不明？真明了，白不白得清楚？人活一辈子，就活'明白'两个字。"

关于"上海历史上的神祇、信仰与空间"，希望我们把自己所知道的故事，在这本《保釐云间》中，都给读者讲得明白。

石梦洁

于己亥仲夏

附　记

　　"保釐"一词，当出自上古，传世文献中最早似可见诸《伪古文尚书·毕命》篇，有扶持使安定之义。考古文字，甲骨文中就有"保"，古文字作反抱幼子状，即用双手将孩子背在背上，"保"字义即背子求安，当为上古养育传统。

　　"釐"字在甲骨文中作"📖"，即为"📖"（来，意为麦子、谷物）加上"📖"（攴，持械击打），表示持械打麦。或作"📖"，用"📖"（人，指农人）代替双手，用"📖"（未，不结穗的稻麦）代替"📖"，即"桬"，表示农人整理、处理那些脱粒后的麦秆、稻草。此字在金文中写成"📖"（釐），为"📖"加上"📖"（里，指家园），表示在家园庭院打谷和整理稻麦茎秆；金文中或作"📖"，用"📖"（未）代替"📖"（来）。则"釐"字本义可解为农人在家园庭院打麦打谷，并将收割期间杂乱的家园收拾得井井有条。

　　"保釐"连用当为甚早，以古文字臆测，最初当为使民安养、劝课农桑的意思。经历代演绎，含义逐渐丰富固定，其中尤以保境安民之义，为人熟知，如海宁盐官镇海神庙前题额"保釐东海"，即取此义。本题亦取其后代之意，现"釐"字时有简化作"厘"，本题以存古义之旨，仍用"釐"字。

　　"云间"初为华亭县别称，后借以代指上海。"云间"之名亦早已问世，《世说新语·排调》即有陆士龙对"云间陆士龙"一语。考"云间"语源当与古上海地区之仙鹤有关。宋刊《云间志》载"云间，唳鹤之乡也"，又云"县之东，地名鹤窠"，当有众多仙鹤聚集；历史上上海地名中更有众多地名与鹤直接相关，如"白鹤""鹤沙""鹤槎"等。如此则解《世说新语》中"云间陆士龙""日下荀鸣鹤"之对仗,则多是出于一种呼应,其实本都与鹤相关。本题取其指代上海之义。

王启元

2019 年 9 月 3 日